VATICAN SPLENDORS

A Journey through Faith and Art

Esplendores del Vaticano
Un Peregrinaje a través de la Fe y el Arte

Vatican Splendors: A Journey through Faith and Art
Esplendores del Vaticano: Un Peregrinaje a través de la Fe y el Arte

Exhibition Curator/*Director de la Exhibición:*
Monsignor Roberto Zagnoli

Contributors/*Colaboradores:*

We would like to thank the following individuals who contributed to this collection/
Quisiéramos agradecer a los siguientes individuos que contribuyeron con esta colección:
Monsignor Luis Cuña Ramos, Brother Charles Hilken, F.S.C., M.S.L., Ph.D., Monsignor Michal Jagosz, Dr. Carlo Pellegrini, Ing. Paolo Sagretti, Dott.ssa Roberta Vicchi, Monsignor Roberto Zagnoli , Dr. Pietro Zander and Dott.ssa Daniela Zanin

We would also like to thank/*También queremos agradecer a:*
Commander Daniel Rudolf Anrig, Dr. Marcello Bedeschi, Dr. Paolo Bedeschi, Avv. Francesco Braschi, Monsignor Francesco Cavina, Tom Fricker, Dr. Piero Fusco, Dr. Ambrogio Piazzoni, Dr. Francesco Riccardi, Monsignor Daniele Rota, Thomas Smith and Ing. Pier Carlo Visconti

Design/*Diseño:*
Becky Hawley Design

Translation/*Traducción:*
Luis Matta
Marco Pavoloni

Copy Edit/*Corrección de estilo:*
Suzie Kempf

Photography/*Fotografía:*
All photography copyrighted by Cittá del Vaticano unless otherwise noted. Reproduction prohibited.

Deposition from the Sepulcher, O.A.33, is reproduced by permission of Biblioteca Apostolica Vaticana, with all rights reserved (page 71).

Pietá, O.A.34, is reproduced by permission of Biblioteca Apostolica Vaticana, with all rights reserved (page 79).

Page 3: © David Lees/Corbis

Page 7: © Justin Lane/epa/Corbis

Page 8: © Paul Hardy/Corbis

Page 35: © Christie's Images/Corbis

Page 80: © Bettmann/Corbis (Michelangelo, detail from a painting by Giorgio Vasari)

Page 80: © Alinari Archives/Corbis (Interior of the Sistine Chapel before the Renovation of 1508)

Page 81: © Jim Zuckerman/Corbis

Page 83: © The Art Archive/Corbis

Page 148: © L'Osservatore Romano

Publishing Committee/*Comité de Publicación:*
Anne Kinsey, VP Exhibits
Claudette Phelps, Project Manager
Sharon Simpson, Content Developer and Writer

Publisher/*Publicación:*
Evergreen Exhibitions
3737 Broadway, Suite 100
San Antonio, TX 78209
www.evergreenexhibitions.com

© Copyright 2010 by Evergreen Exhibitions

This catalogue has been published for the exhibition *Vatican Splendors: A Journey through Faith and Art*. The exhibition is organized and circulated in conjunction with the *Congregazione per l'Evangelizzazione dei Popoli* of the Vatican City State. The exhibition is produced by Evergreen Exhibitions.

ISBN: 978-0-9814810-1-2

Printed in Canada by Friesens.

ON THE COVER:
Bust of an Angel
Busto de un Ángel
After 1304
Giotto di Bondone (1267?–1337)
Polychrome mosaic
36 ¼ x 38 ⅝ x 2 ½
The Reverenda Fabbrica of Saint Peter, Vatican City State

ON THE BACK COVER:
Angel
Ángel
Workshop of Gian Lorenzo Bernini
17th century
Gilt wood
39 ⅜ x 15 ¾ x 29 ½ inches
Apostolic Floreria, Vatican City State

The Holy Family with Two Angels
La Sagrada Familia con Dos Ángeles
Bologna, Italy
16th century
Oil on canvas
17 ⅛ x 15 inches
Congregation for the Evangelization of Peoples, Vatican City State

Dedication

Peter Radetsky (1941–2009)

Along with the Vatican lending institutions, we recognize Peter, an outstanding communicator who brought joy to us all through his work creating meaningful exhibitions. His compassionate friendship and great humanity are a lasting legacy.

Así como las instituciones del Vaticano que contribuyeron con sus aportes, queremos hacer reconocimiento a Peter, un extraordinario comunicador que nos trajo grandes satisfacciones a través de su trabajo de dar vida a exhibiciones significativas. Su amistad compasiva y gran humanidad son un legado permanente.

Contenido

Contents

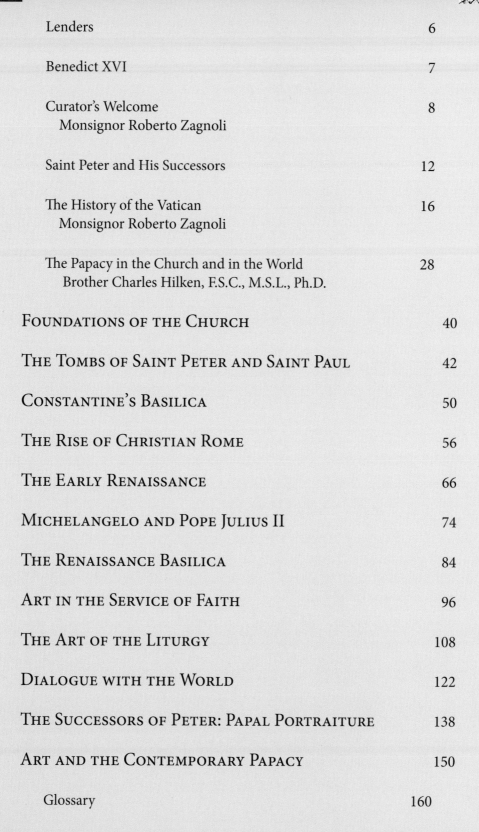

LENDERS

Apostolic Floreria, Vatican City State

Basilica of Saint Mary Major

Basilica of Saint Paul Outside the Walls

Congregation for the Evangelization of Peoples, Vatican City State

Papal Swiss Guard, Vatican City State

The Reverenda Fabbrica of Saint Peter, Vatican City State

Vatican Library, Vatican City State

Private Collections, Vatican City State

PARTICIPANTES

Florería Apostólica, Ciudad Estado del Vaticano

Basílica de Santa María la Mayor

Basílica de San Pablo Afuera de las Murallas

Congregación para la Evangelización de los Pueblos, Ciudad Estado del Vaticano

Guardia Suiza del Papa, Ciudad Estado del Vaticano

La Reverenda Fabbrica de San Pedro, Ciudad Estado del Vaticano

Biblioteca Vaticana, Ciudad Estado del Vaticano

Colecciones Privadas, Ciudad Estado del Vaticano

BENEDICT XVI

Bishop of Rome

Vicar of Christ

Successor of the Prince of the Apostles

Supreme Pontiff of the Universal Church

Primate of Italy

Archbishop and Metropolitan of the Roman Province

Sovereign of the State of the Vatican City

Servant of the Servants of God

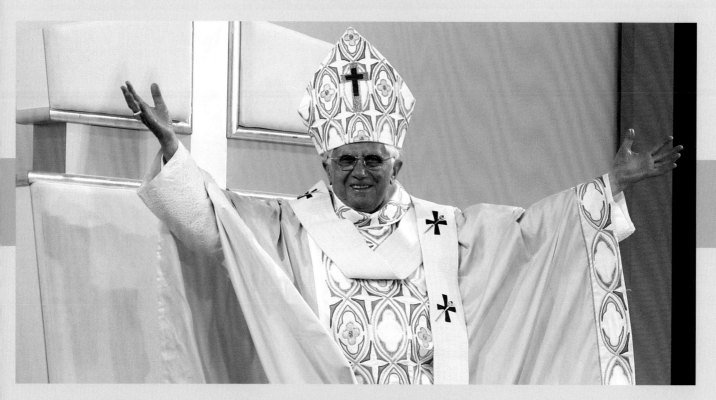

BENEDICTO XVI

Obispo de Roma

Vicario de Cristo

Sucesor del Príncipe de los Apóstoles

Supremo Pontífice de la Iglesia Universal

Primado de Italia

Arzobispo Metropolitano de la Provincia Romana

Soberano de la Ciudad Estado del Vaticano

Siervo de los Siervos de Dios

Curator's Welcome

Bienvenida del Director de la Exhibición

Vatican Splendors: A Journey through Faith and Art takes you on a journey into the heart of Vatican City—one of the world's smallest states, but also one of its richest in history, tradition and culture. As suggested by the name of the exhibition, all of the objects you will see are in harmony with the idea of "splendor." Splendor is directly related to light, and light is the tool that allows everything to reveal itself for what it truly is. Splendor produces wonder, a fundamental sensation which allows for the enrichment and involvement of human beings. Every object included here tells a story and when these stories are combined, they form the great mosaic that is the history of the Church.

At the entrance, you are greeted by two mannequins in the colorful uniforms of the Swiss Guard, the oldest standing army in the world. The Swiss Guard is entrusted with the protection of the Pope and the Vatican State. After five centuries of loyal service, the Swiss Guard continues to guard the entrance to Vatican City and the Apostolic Palace, the Pope's home.

The exhibition includes almost 200 works of art, many on public display for the first time. It begins with the story of the apostles, particularly Peter, whom Jesus himself chose as Head of the Apostolic College.

The Basilica of Saint Peter and the tomb of Saint Peter, which it preciously protects, are the exhibition's central focus. You will explore the Ancient Basilica, commissioned by the Roman Emperor

Swiss Guard Uniform
Halberdier
Uniforme de Alabardero (Soldado Armado) de la Guardia Suiza
20th century
Cloth, metal
Papal Swiss Guard,
Vatican City State

Esplendores del Vaticano: Un Peregrinaje a través de la Fe y el Arte, lo llevará en un viaje al corazón de la Ciudad del Vaticano—uno de los estados más pequeños del mundo, pero además uno de los más ricos en historia, tradición y cultura. Como lo sugiere el nombre de la exhibición, todos los objetos que verá están en armonía con la idea de "esplendor." El esplendor está directamente relacionado con la luz, y la luz es la herramienta que permite a cada objeto revelarse a sí mismo como realmente es. El esplendor genera admiración, una sensación fundamental que permite el enriquecimiento y participación de los seres humanos. Cada objeto incluido aquí cuenta una historia y cuando estas historias se combinan, forman el gran mosaico que es la historia de la iglesia.

A la entrada lo saludarán dos maniquíes en los coloridos uniformes de la Guardia Suiza, el ejército permanente más antiguo del mundo. La Guardia Suiza tiene encomendada la protección del Papa y el estado Vaticano. Después de cinco siglos de servicio leal, la Guardia Suiza sigue vigilando la entrada a la Ciudad del Vaticano y el Palacio Apostólico, el hogar del Papa.

La exhibición incluye cerca de 200 trabajos de arte, la mayoría expuestos al público por primera vez. Empieza con la historia de los apóstoles, particularmente Pedro, a quien el mismo Jesús eligió como cabeza del Colegio Apostólico.

La Basílica de San Pedro con la tumba de San Pedro, que tan preciosamente protege, constituyen el punto central de la exhibición. Explorará la Antigua Basílica, encomendada por el emperador romano Constantino (274–337) entre los años 320 y 350 DC. Y descubrirá la iglesia que la reemplazó, la Basílica del Renacimiento en la plaza de San

Constantine (274–337) between the years 320 and 350 A.D. And you will discover the church which replaced it, the Renaissance Basilica, that stands in Saint Peter's Square today and whose cornerstone was laid by Pope Julius II (1503–1513) on January 6, 1506. The Renaissance Basilica contains many of the finest works by two of the Renaissance's greatest artists— Michelangelo Buonarroti (1475–1564) and Gian Lorenzo Bernini (1598–1680)—both of whom played major roles in the construction and realization of the magnificent Saint Peter's Basilica we know today.

The liturgy is the most important teaching element in the history of the Church. Over the years, the Church has often called on humble artisans as well as great artists to convey God's beauty in the objects used in the Mass. You will enter galleries dedicated to the richness of liturgical objects that reveal the intimate connections between art, liturgy and the Christian faith. The splendor

Chasuble of Cardinal Vincenzo Vannutelli (detail) (1836–1930)
Casulla del Cardenal Vincenzo Vannutelli (1836–1930)
Made by the Gobelins factory
Second half of 19th century
Tapestry with gold and silk
44 ⅛ x 28 ¾ inches
Basilica of Saint Mary Major

Pedro y cuya piedra angular fue puesta por el Papa Julio II (1503–1513) el 6 de enero de 1506. La Basílica del Renacimiento contiene una importante cantidad de los mejores trabajos de dos de los artistas más representativos del Renacimiento—Miguel Ángel Buonarroti (1475–1564) y Gian Lorenzo Bernini (1598–1680)—quienes desempeñaron papeles fundamentales en la construcción y ejecución de la magnífica Basílica de San Pedro que conocemos hoy.

La liturgia es el elemento de enseñanza más importante en la historia de la iglesia. Con el correr de los años, la iglesia a menudo ha llamado tanto a humildes como consumados artistas para transmitir la belleza de Dios a través de los objetos usados en la misa. Entrará a galerías dedicadas a la riqueza de los objetos litúrgicos los cuales revelan la íntima conexión entre el arte, la liturgia y la fe cristianas. El esplendor de estos objetos santos tiene el poder de elevar el alma y presentarnos la gloria y belleza de Dios.

La siguiente sección le invita a contemplar el mensaje misionero de la iglesia. Este mensaje

of these holy objects has the power to elevate the soul and introduce us all to the glory and beauty of God.

The next section invites you to contemplate the missionary message of the Church. This message does not seek to enforce any one ideology, but rather looks for the common elements that promote dialogue between diverse cultures and the growth of mutual understanding. Finally, we explore the history of many of the 264 popes who came after Peter, giving particular attention to the pontiffs of the last 200 years.

The power of the precious objects in this exhibition brings us all into direct contact with the history and splendor of the Vatican. As you walk through, you will discover that these objects can help us focus on the many things we share with one another, no matter the superficial differences that sometimes appear to divide us. Our collective appreciation of the beauty we experience encourages and promotes a sense of unity between each and every one of us. The history we share as we reflect on these objects and the stories they tell is the history of our common humanity.

Enjoy your visit.

Monsignor Roberto Zagnoli
Curator of the Exhibition
Vatican City

no busca imponer ninguna ideología sino que busca los elementos comunes que promuevan el diálogo entre las diversas culturas y el crecimiento a través del entendimiento mutuo. Finalmente exploramos la historia de muchos de los 264 papas que vinieron después de Pedro y le damos atención particular a los pontífices de los últimos 200 años.

El poder de los objetos preciosos que forman parte de esta exhibición nos pone en contacto directo con la historia y esplendor del Vaticano. A medida que realiza el recorrido descubrirá que estos objetos pueden ayudarle a concentrarse en muchos de los elementos que compartimos entre nosotros, sin importar las diferencias superficiales que algunas veces parecen dividirnos. La apreciación colectiva de esta belleza que experimentamos, impulsa y promueve un sentido de unidad en todos y cada uno de nosotros. La historia que compartimos, a medida que reflexionamos sobre estos objetos y las historias que cuentan, es la historia de nuestra humanidad común.

Disfrute su visita.

Monseñor Roberto Zagnoli
Director de la Exhibición
Ciudad del Vaticano

Saint Peter and His Successors

This list of popes and antipopes is derived from one compiled by A. Mercati in 1947 under the auspices of the Vatican; some changes have been made on the basis of recent scholarship, and the list has been brought up to date. The years of each pope's reign follow his name; for popes after the end of the Great Schism (1378–1417), family names are given as well. The names of antipopes are enclosed in brackets, while alternative numberings of papal names appear in parentheses.

Saint Peter (67)

Saint Linus (67–76)

Saint Anacletus (Cletus) (76–88)

Saint Clement I (88–97)

Saint Evaristus (97–105)

Saint Alexander I (105–15)

Saint Sixtus I (115–25)

Saint Telesphorus (125–36)

Saint Hyginus (136–40)

Saint Pius I (140–55)

Saint Anicetus (155–66)

Saint Soter (166–75)

Saint Eleutherius (175–89)

Saint Victor I (189–99)

Saint Zephyrinus (199–217)

Saint Callistus I (217–22)

[Saint Hippolytus (217–35)]

Saint Urban I (222–30)

Saint Pontianus (230–35)

Saint Anterus (235–36)

Saint Fabian (236–50)

Saint Cornelius (251–53)

[Novatian (251)]

Saint Lucius I (253–54)

Saint Stephen I (254–57)

Saint Sixtus II (257–58)

Saint Dionysius (259–68)

Saint Felix I (269–74)

Saint Eutychian (275–83)

Saint Gaius (Caius) (283–96)

Saint Marcellinus (296–304)

Saint Marcellus I (308–9)

Saint Eusebius (309)

Saint Miltiades (311–14)

Saint Silvester I (314–35)

Saint Mark (336)

Saint Julius I (337–52)

Liberius (352–66)

[Felix II (355–65)]

Saint Damasus I (366–84)

[Ursinus (366–67)]

Saint Siricius (384–99)

Saint Anastasius I (399–401)

Saint Innocent I (401–17)

Saint Zosimus (417–18)

Saint Boniface I (418–22)

[Eulalius (418–19)]

Saint Celestine I (422–32)

Saint Sixtus III (432–40)

Saint Leo I (440–61)

Saint Hilary (461–68)

Saint Simplicius (468–83)

Saint Felix III (II) (483–92)

Saint Gelasius I (492–96)

Anastasius II (496–98)

Saint Symmachus (498–514)

[Lawrence (498; 501–5)]

Saint Hormisdas (514–23)

Saint John I (523–26)

Saint Felix IV (III) (526–30)

Boniface II (530–32)

[Dioscorus (530)]

John II (533–35)

Saint Agapitus I (535–36)

Saint Silverius (536–37)

Vigilius (537–55)

Pelagius I (556–61)

John III (561–74)

Benedict I (575–79)

Pelagius II (579–90)

Saint Gregory I (590–640)

Sabinian (604–6)

Boniface III (607)

Saint Boniface IV (608–15)

Saint Deusdedit I (615–18)

Boniface V (619–25)

Honorius I (625–38)

Severinus (640)

John IV (640–42)

Theodore I (642–49)

Saint Martin I (649–55)

Saint Eugene I (654–57)

Saint Vitalian (657–72)

Deusdedit II (672–76)

Donus (676–78)

Saint Agatho (678–81)

Saint Leo II (682–83)

Saint Benedict II (684–85)

John V (685–86)

Conon (686–87)

[Theodore (687)]

[Paschal (687)]

Saint Sergius I (687–701)

John VI (701–5)

John VII (705–7)

Sisinnius (708)

Constantine (708–15)

Saint Gregory II (715–31)

Saint Gregory III (731–41)

Saint Zachary (741–52)

Stephen (752)

Stephen II (III) (752–57)

Saint Paul I (757–67)

[Constantine (767–69)]

[Philip (768)]

Stephen III (IV) (768–72)

Adrian I (772–95)

Saint Leo III (795–816)

Stephen IV (V) (816–17)

Saint Paschal I (817–24)

Eugene II (824–27)

Valentine (827)

Gregory IV (827–44)

[John (844)]

Sergius II (844–47)

Saint Leo IV (847–55)

Benedict III (855–58)

[Anastasius (855)]

Saint Nicholas I (858–67)

Adrian II (867–72)

John VIII (872–82)

Marinus I (882–84)

Saint Adrian III (884–85)

Stephen V (VI) (885–91)

Formosus (891–96)

Boniface VI (896)

Stephen VI (VII) (896–97)

Romanus (897)

Theodore II (897)

John IX (898–900)

Benedict IV (900–903)

Leo V (903)

[Christopher (903–41)]

Sergius III (904–11)

Anastasius III (911–13)

Lando (913–14)

John X (914–28)

Leo VI (928)

Stephen VII (VIII) (928–31)

John XI (931–35)

Leo VII (936–39)

Stephen VIII (IX) (939–42)

Marinus II (942–46)

Agapetus II (946–55)

John XII (955–64)

Leo VIII (963–65)

Benedict V (964–66)

John XIII (965–72)

Benedict VI (973–74)

[Boniface VII (974; 984–85)]

Benedict VII (974–83)

John XIV (983–84)

John XV (985–96)

Gregory V (996–99)

[John XVI (997–98)]

Silvester II (999–1003)

John XVII (1003)

John XVIII (1004–9)

Sergius IV (1009–12)

Benedict VIII (1012–24)

[Gregory (1012)]

John XIX (1024–32)

Benedict IX (1032–44)

Silvester III (1045)

Benedict IX (1045)

Gregory VI (1045–46)

Clement II (1046–47)

Benedict IX (1047–48)

Damasus II (1048)

Saint Leo IX (1049–54)

Victor II (1055–77)

Stephen IX (X) (1057–58)

[Benedict X (1058–59)]

Nicholas II (1059–61)

Alexander II (1061–73)

[Honorius II (1061–72)]

Saint Gregory VII (1073–85)

[Clement III (1080; 1084–1100)]

Blessed Victor III (1086–87)

Blessed Urban II (1088–99)

Paschal II (1099–1118)

[Theodoric (1100)]

[Albert (1102)]

[Silvester IV (1105–11)]

Gelasius II (1118–19)

[Gregory VIII (1118–21)]

Callistus II (1119–24)

Honorius II (1124–30)

[Celestine II (1124)]

Innocent II (1130–43)

[Anacletus II (1130–38)]

[Victor IV (1138)]

Celestine II (1143–44)

Lucius II (l144–45)

Blessed Eugene III (1145–53)

Anastasius IV (1153–54)

Adrian IV (1154–59)

Alexander III (1159–81)

[Victor IV (1159–64)]

[Paschal III (1164–68)]

[Callistus III (1168–78)]

[Innocent III (1179–80)]

Lucius III (1181–85)

Urban III (1185–87)

Gregory VIII (1187)

Clement III (1187–91)

Celestine III (1191–98)

Innocent III (1198–1216)

Honorius III (1216–27)

Gregory IX (1227–41)

Celestine IV (1241)

Innocent IV (1243–54)

Alexander IV (1254–61)

Urban IV (1261–64)

Clement IV (1265–68)

Blessed Gregory X (1271; 1272–76)

Blessed Innocent V (1276)

Adrian V (1276)

John XXI (1276–77)

Nicholas III (1277–80)

Martin IV (1281–85)

Honorius IV (1285–87)

Nicholas IV (1288–92)

Saint Celestine V (1294)

Boniface VIII (1294; 1295–1303)

Blessed Benedict XI (1303–4)

Clement V (1305–14)

John XXII (1316–34)

[Nicholas V (1328–30)]

Benedict XII (1335–42)

Clement VI (1342–52)

Innocent VI (1352–62)

Blessed Urban V (1362–70)

Gregory XI (1370; 1371–78)

Urban VI (1378–89)

[Clement VII (1378–94)]

Boniface IX (1389–1404)

[Benedict XIII (1394–1423)]

Innocent VII (1404–06)

Gregory XII (1406–15)

[Alexander V (1409–10)]

[John XXIII (1410–15)]

Martin V (Colonna, 1417–31)

Eugene IV (Condulmer, 1431–47)

[Felix V (1439; 1440–49)]

Nicholas V (Parentuccelli, 1447–55)

Callistus III (Borgia, 1455–58)

Pius II (Piccolomini, 1458–64)

Paul II (Barbo, 1464–71)

Sixtus IV (Della Rovere, 1471–84)

Innocent VIII (Cibo, 1484–92)

Alexander VI (Borgia, 1492–1503)

Pius III (Todeschini–Piccolomini, 1503)

Julius II (Della Rovere, 1503–13)

Leo X (Medici, 1513–21)

Adrian VI (Florensz, 1522–23)

Clement VII (Medici, 1523–34)

Paul III (Farnese, 1534–49)

Julius III (Ciocchi del Monte, (1550–55)

Marcellus II (Cervini, 1555)

Paul IV (Carafa, 1555–59)

Pius IV (Medici, 1559; 1560–65)

Saint Pius V (Ghislieri, 1566–72)

Gregory XIII (Boncompagni, 1572–85)

Sixtus X (Peretti, 1585–90)

Urban VII (Castagna, 1590)

Gregory XIV (Sfondrati, 1590–91)

Innocent IX (Facchinetti, 1591)

Clement VIII (Aldobrandini, 1592–1605)

Leo XI (Medici, 1605)

Paul V (Vorghese, 1605–21)

Gregory XV (Ludovisi, 1621–23)

Urban VIII (Barberini, 1623–44)

Innocent X (Pamphili, 1644–55)

Alexander VII (Chigi, 1655–67)

Clement IX (Rospigliosi, 1667–69)

Clement X (Altieri, 1670–76)

Blessed Innocent XI (Odescalchi, 1676–89)

Alexander VIII (Ottoboni, 1689–91)

Innocent XII (Pignatelli, 1691–1700)

Clement XI (Albani, 1700–1721)

Innocent XIII (Conti, 1721–24)

Benedict XIII (Orsini, 1724–30)

Clement XII (Corsini, 1730–1740)

Benedict XIV (Lambertini, 1740–58)

Clement XIII (Rezzonico, 1758–69)

Clement XIV (Ganganelli, 1769–74)

Pius VI (Braschi, 1775–99)

Pius VII (Chiaramonti, 1800–1823)

Leo XII (Della Genga, 1823–29)

Pius VIII (Castiglioni, 1829–30)

Gregory XVI (Cappellari, 1831–46)

Pius IX (Mastai–Ferretti, 1846–78)

Leo XIII (Pecci, 1878–1903)

Saint Pius X (Sarto, 1903–14)

Benedict XV (Della Chiesa, 1914–22)

Pius XI (Ratti, 1922–39)

Pius XII (Pacelli, 1939–58)

Blessed John XXIII (Roncalli, 1958–63)

Paul VI (Montini, 1963–78)

John Paul I (Luciani, 1978)

John Paul II (Wojtyla, 1978–2005)

Benedict XVI (Ratzinger, 2005–)

San Pedro y Sus Sucesores

Esta lista de Papas y antipapas se deriva de una compilada por A. Mercati en 1947, bajo el auspicio del Vaticano. Se han realizado algunos cambios basados en estudios recientes y la lista ha sido actualizada. Al lado del nombre de cada Papa está su año de pontificado. Para los Papas del Gran Cisma (o división de la iglesia entre 1378 y 1417), se ofrecen también sus nombres propios o de familia. Los nombres de los antipapas están entre corchetes y los nombres y números alternativos de ciertos Papas están entre paréntesis.

San Pedro (67)

San Lino (67–76)

San Anacleto (Cleto) (76–88)

San Clemente I (88–97)

San Evaristo (97–105)

San Alejandro I (105–15)

San Sixto I (115–25)

San Telésforo (125–36)

San Higinio –o Higinio– (136–40)

San Pío I (140–55)

San Aniceto (155–66)

San Sotero (166–75)

San Eleuterio (175–89)

San Víctor I (189–99)

San Severino (199–217)

San Calixto I (217–22)

[San Hipólito (217–35)]

San Urbano I (222–30)

San Ponciano (230–35)

San Antero (235–36)

San Fabián (236–50)

San Cornelio (251–53)

[Novaciano (251)]

San Lucio I (253–54)

San Esteban I (254–57)

San Sixto II (257–58)

San Dionisio (259–68)

San Félix (269–74)

San Euticiano (275–83)

San Gallo (Callo) (283–96)

San Marcelino (296–304)

San Marcelo I (308–9)

San Eusebio (309)

San Milciades –o Melquiades– (311–14)

San Silvestre I (314–35)

San Marcos (336)

San Julio I (337–52)

Liberio (352–66)

[Félix II (355–65)]

San Dámaso I (366–84)

[Ursino (366–67)]

San Siricio (384–99)

San Anastasio I (399–401)

San Inocencio I (401–17)

San Zósimo (417–18)

San Bonifacio I (418–22)

[Eulalio (418–19)]

San Celestino I (422–32)

San Sixto III (432–40)

San León I (440–61)

San Hilario (461–68)

San Simplicio (468–83)

San Félix III (II) (483–92)

San Gelasio I (492–96)

Anastasio II (496–98)

San Símaco (498–514)

[Lorenzo (498; 501–5)]

San Hormidas (514–23)

San Juan I (523–26)

San Félix IV (III) (526–30)

Bonifacio II (530–32)

[Dióscuro (530)]

Juan II (533–35)

San Agapito (535–36)

San Silverio (536–37)

Vigilio (537–55)

Pelayo I (556–61)

Juan III (561–74)

Benedicto I (575–79)

Pelayo II (579–90)

San Gregorio I (590–640)

Sabinio (604–6)

Bonifacio III (607)

San Bonifacio IV (608–15)

San Adeodato I (615–18)

Bonifacio V (619–25)

Honorio I (625–38)

Severino (640)

Juan IV (640–42)

Teodoro I (642–49)

San Martín I (649–55)

San Eugenio I (654–57)

San Vitaliano (657–72)

Adeodato II (672–76)

Dono (676–78)

San Agatón (678–81)

San León II (682–83)

San Benedicto II (684–85)

Juan V (685–86)

Conón (686–87)

[Teodoro (687)]

[Pascual (687)]

San Sergio I (687–701)

Juan VI (701–5)

Juan VII (705–7)

Sisino (708)

Constantino (708–15)

San Gregorio II (715–31)

San Gregorio III (731–41)

San Zacarías (741–52)

Esteban (752)

Esteban II (III) (752–57)

San Pablo I (757–67)

[Constantino (767–69)]

[Felipe (768)]

Esteban III (IV) (768–72)

Adriano I (772–95)

San León III (795–816)

Esteban IV (816–17)

San Pascual I (817–24)

Eugenio II (824–27)

Valentín (827)

Gregorio IV (827–44)

[Juan (844)]

Sergio II (844–47)

San León IV (847–55)

Benedicto III (855–58)

[Anastasio (855)]

San Nicolás I (858–67)

Adriano II (867–72)

Juan VIII (872–82)

Marino I (882–84)

San Adriano III (884–85)

Esteban V (VI) (885–91)

Formoso (891–96)

Bonifacio VI (896)

Esteban VI (VII) (896–97)

Romano (897)

Teodoro II (897)

Juan IX (898–900)

Benedicto IV (900–903)

León V (903)

[Cristóbal (903–41)]

Sergio III (904–11)

Anastasio III (911–13)

Landon (913–14)

Juan X (914–28)

León VI (928)

Esteban VII (VIII) (928–31)

Juan XI (931–35)

León VII (936–39)

Esteban VIII (IX) (939–42)

Marino II (942–46)

Agapito II (946–55)

Juan XII (955–64)

León VIII (963–65)

Benedicto V (964–66)

Juan XIII (965–72)

Benedicto VI (973–74)

[Bonifacio VII (974; 984–85)]

Benedicto VII (974–83)

Juan XIV (983–84)

Juan XV (985–96)

Gregorio V (996–99)

[Juan XVI (997–98)]

Silvestre II (999–1003)

Juan XVII (1003)

Juan XVIII (1004–9)

Sergio IV (1009–12)

Benedicto VIII (1012–24)

[Gregorio (1012)]

Juan XIX (1024–32)

Benedicto IX (1032–44)

Silvestre III (1045)

Benedicto IX (1045)

Gregorio VI (1045–46)

Clemente II (1046–47)

Benedicto IX (1047–48)

Dámaso II (1048)

San León IX (1049–54)

Víctor II (1055–77)

Esteban IX (X) (1057–58)

[Benedicto X (1058–59)]

Nicolás II (1059–61)

Alejandro II (1061–73)

[Honorio II (1061–72)]

San Gregorio VII (1073–85)

[Clemente III (1080; 1084–1100)]

Beato Víctor III (1086–87)

Beato Urbano II (1088–99)

Pascual II (1099–1118)

[Teodorico (1100)]

[Alberto (1102)]

[Silvestre IV (1105–11)]

Gelasio II (1118–19)

[Gregorio VIII (1118–21)]

Calixto II (1119–24)

Honorio II (1124–30)

[Celestino II (1124)]

Inocencio II (1130–43)

[Anacleto II (1130–38)]

[Víctor IV (1138)]

Celestino II (1143–44)

Lucio II (l144–45)

Beato Eugenio III (1145–53)

Anastasio IV (1153–54)

Adriano IV (1154–59)

Alejandro III (1159–81)

[Víctor IV (1159–64)]

[Pascual III (1164–68)]

[Calixto III (1168–78)]

[Inocencio III (1179–80)]

Lucio III (1181–85)

Urbano III (1185–87)

Gregorio VIII (1187)

Clemente III (1187–91)

Celestino III (1191–98)

Inocencio III (1198–1216)

Honorio III (1216–27)

Gregorio IX (1227–41)

Celestino IV (1241)

Inocencio IV (1243–54)

Alejandro IV (1254–61)

Urbano IV (1261–64)

Clemente IV (1265–68)

Beato Gregorio X (1271; 1272–76)

Beato Inocencio V (1276)

Adriano V (1276)

Juan XXI (1276–77)

Nicolás III (1277–80)

Martín IV (1281–85)

Honorio IV (1285–87)

Nicolás IV (1288–92)

San Celestino V (1294)

Bonifacio VIII (1294; 1295–1303)

Beato Benedicto XI (1303–4)

Clemente V (1305–14)

Juan XXII (1316–34)

[Nicolás V (1328–30)]

Benedicto XII (1335–42)

Clemente VI (1342–52)

Inocencio VI (1352–62)

Beato Urbano V (1362–70)

Gregorio XI (1370; 1371–78)

Urbano VI (1378–89)

[Clemente VII (1378–94)]

Bonifacio IX (1389–1404)

[Benedicto XIII (1394–1423)]

Inocencio VII (1404–06)

Gregorio XII (1406–15)

[Alejandro V (1409–10)]

[Juan XXIII (1410–15)]

Martín V (Colonna, 1417–31)

Eugenio IV (Condulmer, 1431–47)

[Félix V (1439; 1440–49)]

Nicolás V (Parentuccelli, 1447–55)

Calixto III (Borgia, 1455–58)

Pío II (Piccolomini, 1458–64)

Pablo II (Barbo, 1464–71)

Sixto IV (Della Rovere, 1471–84)

Inocencio VIII (Cibo, 1484–92)

Alejandro VI (Borgia, 1492–1503)

Pío III (Todeschini–Piccolomini, 1503)

Julio II (Della Rovere, 1503–13)

León X (Medici, 1513–21)

Adriano VI (Florensz, 1522–23)

Clemente VII (Medici, 1523–34)

Pablo III (Farnese, 1534–49)

Julio III (Ciocchi del Monte, (1550–55)

Marcelo II (Cervini, 1555)

Pablo IV (Carafa, 1555–59)

Pío IV (Medici, 1559; 1560–65)

San Pío V (Ghislieri, 1566–72)

Gregorio XIII (Boncompagni, 1572–85)

Sixto X (Peretti, 1585–90)

Urbano VII (Castagna, 1590)

Gregorio XIV (Sfondrati, 1590–91)

Inocencio IX (Facchinetti, 1591)

Clemente VIII (Aldobrandini, 1592–1605)

León XI (Medici, 1605)

Pablo V (Vorghese, 1605–21)

Gregorio XV (Ludovisi, 1621–23)

Urbano VIII (Barberini, 1623–44)

Inocencio X (Pamphili, 1644–55)

Alejandro VII (Chigi, 1655–67)

Clemente IX (Rospigliosi, 1667–69)

Clemente X (Altieri, 1670–76)

Beato Inocencio XI (Odescalchi, 1676–89)

Alejandro VIII (Ottoboni, 1689–91)

Inocencio XII (Pignatelli, 1691–1700)

Clemente XI (Albani, 1700–1721)

Inocencio XIII (Conti, 1721–24)

Benedicto XIII (Orsini, 1724–30)

Clemente XII (Corsini, 1730–1740)

Benedicto XIV (Lambertini, 1740–58)

Clemente XIII (Rezzonico, 1758–69)

Clemente XIV (Ganganelli, 1769–74)

Pío VI (Braschi, 1775–99)

Pío VII (Chiaramonti, 1800–1823)

León XII (Della Genga, 1823–29)

Pío VIII (Castiglioni, 1829–30)

Gregorio XVI (Cappellari, 1831–46)

Pío IX (Mastai–Ferretti, 1846–78)

León XIII (Pecci, 1878–1903)

San Pío X (Sarto, 1903–14)

Benedicto XV (Della Chiesa, 1914–22)

Pío XI (Ratti, 1922–39)

Pío XII (Pacelli, 1939–58)

Beato Juan XXIII (Roncalli, 1958–63)

Pablo VI (Montini, 1963–78)

Juan Pablo I (Luciani, 1978)

Juan Pablo II (Wojtyla, 1978–2005)

Benedicto XVI (Ratzinger, 2005–)

The History of the Vatican

FROM THE TOMB
OF SAINT PETER
TO THE BUILDING OF
THE GREAT BASILICA
IN AN OPEN DIALOGUE
WITH THE WORLD

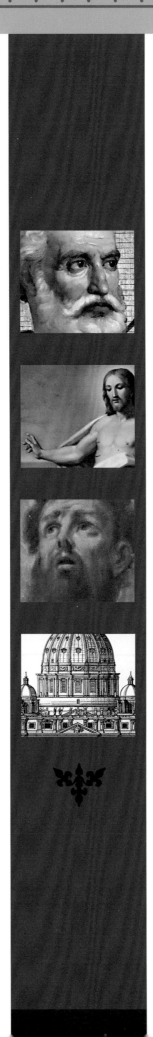

Historia del Vaticano

DESDE LA TUMBA
DE SAN PEDRO A LA
CONSTRUCCIÓN DE
LA GRAN BASÍLICA EN
UN DIÁLOGO ABIERTO
CON EL MUNDO

Monsignor Roberto Zagnoli

Monseñor Roberto Zagnoli

At the beginning of the 1st century, Rome—the center of the vast Roman empire—was the most important city in the world. Yet, in comparison with today's great cities, the capital city was little more than a village. Our exhibition focuses on one of the seven famous hills which formed the boundaries of the ancient city: Vatican Hill, the hill on which the Basilica of Saint Peter's now stands.

In the 1st century, Vatican Hill was on the outskirts of Rome, nestled in the countryside. But even then it was known as a special place because it housed an important cemetery. Our journey begins in that cemetery and at one specific tomb.

That tomb was certainly not the most beautiful among those that surrounded it. Yet it was important enough to have the world's most famous basilica built over it as a precious, protective casket. The tomb was Saint Peter's, and the Basilica would be created by some of the greatest architects in history. Through the centuries, sculptors and painters have added to its splendor. Their magnificent work is a testament to the creativity that faith in Saint Peter has brought forth ever since the beginnings of Christianity.

According to tradition, Peter and Paul—the two most important of all Jesus' apostles—were killed in Rome around 64 A.D. during the Emperor Nero's persecution of Christians. Legend has it that in an effort to seek poetic inspiration Nero set fire to the city. Facing the rage of the people, he blamed Christians for the disaster, exposing them to a cruel and systematic campaign of persecution.

A principios del sigo I, Roma—el centro del vasto imperio romano—era la ciudad más importante del mundo. Aun así, en comparación con las grandes ciudades del presente, la ciudad capital era poco más que un poblado. Nuestra presentación se centra en una de las famosas colinas que formaban parte de los límites de la antigua ciudad: la Colina Vaticana, donde está enclavada actualmente la Basílica de San Pedro.

En el siglo I, la Colina Vaticana estaba en las afueras de Roma, acunada en la campiña. Pero incluso entonces era conocida como un lugar especial porque albergaba un importante cementerio. Nuestro recorrido comienza en ese cementerio y en una tumba en particular.

Esa tumba no era la más hermosa de entre todas las que la rodeaban ni mucho menos, pero sí era lo suficientemente importante como para que se construyera la basílica más famosa del mundo sobre ella, como un preciado cofre protector. La tumba era la de San Pedro, y en la construcción de la basílica intervendrían algunos de los más famosos arquitectos de la historia. A lo largo de los siglos, escultores y pintores han contribuido a su esplendor, y su magnífica obra es testimonio de la creatividad que ha inspirado la fe en San Pedro desde los comienzos del cristianismo.

Según la tradición, Pedro y Pablo, los dos apóstoles más importantes de Jesús, murieron en Roma alrededor del año 64 A.D. durante la persecución de los cristianos encabezada por el emperador Nerón. Cuenta la leyenda que en busca de inspiración poética, Nerón prendió fuego a la ciudad, pero ante la ira del pueblo, culpó a los cristianos del desastre, exponiéndolos a una cruel y sistemática campaña de persecución.

It is believed that Peter and Paul were also victims of this persecution. Paul was decapitated on Nero's order. Peter was crucified in the gardens of Vatican Hill. The accounts of ancient writers such as Origen (185–254 A.D.) and Saint Jerome (347–420 A.D.) suggest that Peter, in an act of humility, asked to be crucified upside down, considering himself unworthy to die in the same manner as Jesus.

This is only one of the many extraordinary stories about Peter, stories which, along with the numerous churches built in his honor, indicate the ever-growing veneration for this apostle. Peter was not only the leader of the church and the first Pope: among the apostles there is no more human and endearing figure than this former fisherman from Galilee.

The Church believed for centuries that the tomb on Vatican Hill on which the emperor Constantine ordered the building of the great Basilica was the tomb of the apostle. However, the archaeological evidence was inconclusive. It is only in recent years that the issue has been settled. Between 1939 and 1949, on the initiative of Pope Pius XII, a wealth of relics and wall inscriptions—carved by Christians to show their faith in Peter—was unearthed below the Vatican grottoes. Most importantly, nearly 2,000 coins—made from various metals—were found from different time periods. These came from throughout the western Roman Empire and proved that devotees had visited Peter's tomb continuously since his burial.

Se cree que Pedro y Pablo también fueron víctimas de dicha persecución. Pablo fue decapitado por orden de Nerón, y Pedro fue crucificado en los jardines de la Colina Vaticana. Relatos antiguos como el de Orígenes (185–254 A.D.) y San Jerónimo (347–420 A.D.) sugieren que Pedro, en un acto de humildad, pidió ser crucificado con la cabeza hacia abajo, ya que no se consideraba digno de morir de la misma manera que Jesús.

Este es sólo uno de los muchos relatos extraordinarios sobre Pedro, relatos que, junto con las numerosas iglesias construidas en su honor, indican la creciente veneración de que era objeto el apóstol. Pedro no sólo fue el líder de la Iglesia y el primer papa: no hay entre los apóstoles otra figura más humana y entrañable que este ex pescador de Galilea.

Por siglos, la Iglesia creyó que la tumba de la Colina Vaticana sobre la cual el emperador Constantino ordenó la construcción de la gran basílica era la tumba del apóstol. Sin embargo, las evidencias arqueológicas no eran concluyentes. Fue sólo en años recientes que se pudo resolver el asunto. Entre los años 1939 y 1949, a instancias del Papa Pío XII, se desenterró todo un tesoro en reliquias e inscripciones murales—grabados por los cristianos como muestra de su fe en Pedro—que yacía debajo de las grutas del Vaticano. Lo que es más, se encontraron casi 2.000 monedas de diversos metales y de distintas épocas, las cuales procedían de todo el sector occidental del Imperio Romano y probaban que la tumba de Pedro había sido visitada por los devotos desde su entierro.

Constantine's Basilica

Constantine was crowned Emperor of Rome on October 28th, 306 A.D. In 313, he proclaimed the Edict of Milan, declaring religious toleration throughout the empire.

When Constantine came to power, Christians comprised no more than 10 percent of the empire's total population of around 50 million, and they faced considerable prejudice. It would have been in the emperor's best interest to continue the discriminatory policies of Diocletian, his predecessor. Yet, Constantine favored Christians, and he did so, not out of political calculation, but rather because of his desire for the well-being of the state. The emperor pushed to strengthen the prestige of the Church and in this way allowed Christianity to flourish.

La Basílica de Constantino

Constantino fue coronado emperador de Roma el 28 de octubre de 306 A.D. En el año 313, Constantino promulgó el Edicto de Milán, el cual establecía la tolerancia religiosa en todo el imperio.

Cuando Constantino llegó al poder, los cristianos constituían apenas el diez por ciento de la población total del emperio, que ascendía a cincuenta millones de personas, de modo que sufrían un grado considerable de discriminación. El emperador se habría beneficiado de continuar con las políticas represivas de su predecesor, Diocleciano, pero aún así, Constantino favoreció a los cristianos, y lo hizo, no por conveniencia política, sino porque deseaba el bienestar del Estado. El emperador se esforzó por fortalecer a la Iglesia y de ese modo permitió que el cristianismo floreciera.

North-South Section of the Old Basilica of Saint Peter's
Sección Norte-Sur de la Vieja Basílica de San Pedro

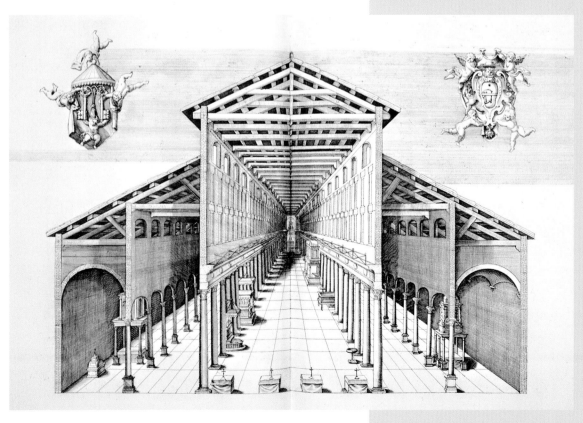

Constantine recognized that in constructing monumental churches he was also building the new religion. The Basilica of Saint Peter's was one of his greatest achievements. Yet, from the beginning of construction around 319 A.D., the project presented enormous technical obstacles. The necropolis over which the Basilica would be built occupied the slope at the hill's steepest point. To lay the church's foundations, the builders were forced to level the area.

Having ordered the creation of the temple, Constantine handed over construction to Pope Sylvester I (314–335). Sylvester is credited by tradition as having converted the emperor to Christianity after miraculously curing him of leprosy. The Pope set his own architects and construction managers to work. The emperor financed the project and provided the manual labor, tradesmen, and materials. Many of the city's great buildings had fallen into ruin and they provided the materials from which to construct the Basilica.

The Basilica was a gigantic building. It had five naves, divided into four rows of twenty-two columns each. The central nave was twenty-three meters (approximately 75.5 feet) wide. A spacious portico and an atrium were built in front of the entrance to provide a resting place for pilgrims.

Multiple gold and silver chandeliers were hung above Peter's tomb. A golden cross—a gift from the emperor and his mother Helena—was placed on the small altar. Around the saint's tomb, along the Basilica's walls, in the atrium, and also on the outer walls, were a large number of

Constantino estaba conciente de que al construir iglesias monumentales también estaba impulsando la nueva religión. La Basílica de San Pedro fue uno de sus más grandes logros. Sin embargo, desde el comienzo de los trabajos, alrededor del año 319 D.C., el proyecto presentó enormes obstáculos técnicos. La necrópolis sobre la cual debía construirse la basílica se encontraba ubicada sobre la ladera más empinada de la colina. Para poner los cimientos de la iglesia, los constructores se vieron obligados a nivelar toda el área.

Habiendo ordenado la creación del templo, Constantino pasó la responsabilidad de la construcción al Papa Silvestre I (314–335), quien, según la tradición, convirtió al emperador al cristianismo después de haberlo curado milagrosamente de lepra. El Papa puso a trabajar a sus propios arquitectos y constructores, mientras que el emperador financió el proyecto y proporcionó la mano de obra, artesanos y materiales. Muchas de las grandes edificaciones de la ciudad habían quedado en ruinas y suministraron los materiales para construir la basílica.

La basílica era un edificio gigantesco, con cinco naves divididas en cuatro filas de veintidós columnas cada una. La nave central tenía veintitrés metros de ancho. Frente a la entrada se construyeron un espacioso pórtico y un atrio como lugar de descanso para los peregrinos.

Sobre la tumba de Pedro se colgaron múltiples candelabros, y una cruz de oro— obsequio del emperador y su madre, Helena—descansaba sobre el pequeño altar. Alrededor de la tumba del santo, a lo largo de los muros, en el atrio y también en los muros exteriores se encontraba un gran número de tumbas, altares, capillas y mausoleos

tombs, altars, chapels, and mausoleums filled with precious works of art. Successive Popes, from Sylvester to Sixtus IV (1471–1484), embellished the basilica and added to its interior. The most prominent artists, including Giotto (1267–1337) and Pietro Cavallini (1240/50–?), renovated the paintings and mosaics.

In March 1505, Pope Julius II (1503–1513) began to plan a chapel within the Basilica to house his mausoleum. But in the summer of that same year, he became convinced that the Basilica needed to be entirely rebuilt. Julius recognized that the ancient Church, now 1,200 years old, was showing signs of age.

THE NEW BASILICA

The new building was entrusted to the architect Donato Bramante (1444–1514). It needed, as the Pope wrote in a bill dated February 19, 1500, to "surpass in magnificence and greatness all other churches." The floor plan was based on the Greek cross with four wings of equal length and would occupy an area of 24,000 square meters (78,740 square feet) (Michelangelo, in his plan for the church, reduced the area to 14,500 square meters) (47,572 square feet). Heedless of his many critics, Julius II was determined to see the project become a reality. On January 6, 1506, he wrote to the Christian rulers of Europe asking for their assistance in this great undertaking.

The laying of the first stone of the new Basilica occurred on April 18, 1506, on the exact spot where the pillar of Veronica

repletos de valiosas obras de arte. Sucesivos papas, desde Silvestre a Sixto IV (1471–1484), embellecieron la basílica y contribuyeron al diseño interior. Los artistas más prominentes, incluyendo a Giotto (1267–1337) y Pietro Cavallini (1240/50–?), renovaron las pinturas y mosaicos.

En marzo de 1505, el Papa Julio II (1503–1513) comenzó a planificar la construcción de una capilla dentro de la basílica para albergar su mausoleo. Pero en el verano de ese mismo año llegó a la conclusión de que la basílica debía ser reconstruida por completo, ya que tras 1200 años de existencia, la construcción estaba sufriendo el paso del tiempo.

LA NUEVA BASÍLICA

La nueva edificación se confió al arquitecto Donato Bramante (1444–1514). Era necesario que, como escribió el Papa en un documento fechado el 19 de febrero de 1500, la basílica "sobrepasara en magnificencia y grandeza a todas las demás iglesias." El plano de la planta se basaba en la cruz griega, con cuatro alas de igual longitud que ocuparían un área de 24.000 metros cuadrados. (El plano de Miguel Ángel reducían el área a 14.500 metros cuadrados). Haciendo caso omiso de sus muchos críticos, Julio II estaba decidido a hacer realidad el proyecto. El 6 de enero de 1506, escribió a los gobernantes cristianos de Europa pidiéndoles ayuda para su gran proyecto.

La primera piedra de la nueva basílica se colocó el 18 de abril de 1506, en el lugar exacto donde actualmente se encuentra el pilar de Verónica. La inscripción de la piedra de mármol blanco lee: "El Papa Julio II de Liguria, en el tercer año de su papado, 1506, ordenó la

now stands. The inscription on the white marble stone reads: "Pope Julius II of Liguria in the third year of his papacy, 1506, ordered the reconstruction of this Basilica which was becoming old and dilapidated."

Twenty-five hundred workers were employed to demolish the old church and to construct the four pylons on which Michelangelo's cupola rests today. The new construction was placed directly on top of the foundation of Constantine's Basilica.

Julius II died in 1513. Within a year, Bramante too was dead. Work on the Basilica experienced considerable disruption as a succession of illustrious architects brought their own visions to the construction process. Raphael (1483–1520), Giuliano da Sangallo (1445–1516), and Antonio da Sangallo (1483–1546) all served as chief architect.

The 1527 Sack of Rome further complicated matters, halting the increasingly expensive building process for seven years. But in 1546, Pope Paul II (1534–1549) appointed Michelangelo Buonarroti, already 72 years old, as architect. Michelangelo asked to work without pay, simply out of love for God and devotion to Saint Peter. His gesture is particularly significant considering that previous architects, especially Guiliano da Sangallo, had used their position to gain profit for themselves and for their friends. Michelangelo, who had personal experience of the system's corruption, asked for absolute control over all decisions related to construction. In 1547, Pope Paul III (1534–1549) granted him the power to modify the Basilica as he saw fit, giving him full liberty in all matters related to

reconstrucción de esta basílica, la cual estaba vieja y en condiciones ruinosas."

Se emplearon dos mil quinientos obreros para demoler la antigua iglesia y construir los cuatro soportes sobre los cuales descansa hoy la cúpula de Miguel Ángel. La nueva construcción se emplazó directamente sobre los cimientos de la basílica de Constantino.

Julio II murió en 1513, y un año más tarde también murió Bramante. Los trabajos en la basílica sufrieron considerables interrupciones mientras una serie de arquitectos ilustres proponía sus propias ideas para el proceso de construcción. Tanto Rafael (1483–1520), Giuliano da Sangallo (1445–1516) como Antonio da Sangallo (1483–1546) sirvieron como arquitectos principales.

El saqueo de Roma de 1527 complicó aun más las cosas, deteniendo por siete años los trabajos de construcción, que eran cada vez más costosos. Pero en 1546, el Papa Pablo II (1534–1549) encargó la obra al arquitecto Miguel Ángel Buonarroti, que tenía 72 años de edad, ya que este solicitó trabajar gratuitamente, sólo por amor a Dios y devoción a San Pedro. Su gesto fue particularmente significativo teniendo en cuenta que los arquitectos anteriores, especialmente Guiliano da Sangallo, se valieron de su posición para su propio beneficio y el de sus amigos. Miguel Ángel, que tenía experiencia personal con respecto a la corrupción del sistema, pidió control absoluto sobre todas las decisiones relacionadas con la construcción. En 1547, el Papa Pablo III (1534–1549) le otorgó la potestad de modificar la basílica según su parecer y le dio completa libertad en cuanto a todos los asuntos relacionados con la mano de obra calificada. Julio III (1551–1555) y Pío IV (1559–1565) siguieron favoreciendo al gran artista, a pesar de las acusaciones de sus enemigos en

skilled labor. Julius III (1551–1555) and Pius IV (1559–1565) continued to favor the great artist, despite his enemies' accusations of his despotic decision-making. By the time Michelangelo died on February 18, 1564, the southern transept of the Basilica had been finished and work on the northern transept had nearly come to an end. Most impressively, the drum of the cupola was almost complete.

Construction of the cupola was finished by the architect Domenico Fontana (1543–1604) in collaboration with Sixtus V (1585–1590)—a pope of relentless will and energy—in 1586. Giacomo della Porta (1540–1604) became chief architect, and by May 1590, working day and night with 800 workers, he had completed the dome vault of the cupola.

The layout that we know so well today is largely due to Pope Paul V (1605–1621), assisted by the architects Giovanni Fontana (1540–1614) and Carlo Maderno (1559–1629). Their first decision was to expand the Basilica into the shape of a Latin cross. This idea, which faced considerable opposition, was Maderno's.

The project began in March 1607 and, in November of the same year, construction began on the foundation of the atrium's new façade, work that would finally be completed in February 1612. Within three years, the facade of the Basilica was finished and the building was finally ready for Palm Sunday, April 12, 1615.

It had been 168 years since Pope Nicholas V (1447–1455) had first suggested rebuilding the

Michelangelo's Greek cross appended to Carlo Maderno's long nave.
Cruz Griega de Miguel Ángel añadida a la nave extensa de Carlo Maderno.

cuanto lo despótico de sus decisiones. Para cuando Miguel Ángel murió, el 18 de febrero de 1564, ya se había terminado el crucero sur de la basílica, y las obras del crucero norte casi habían finalizado. Es más, el tambor de la cúpula estaba casi terminado también.

La construcción de la cúpula la finalizó en 1586 el arquitecto Domenico Fontana (1543–1604) en colaboración con Sixto V (1585–1590), un Papa con una enorme fuerza de voluntad y energía. Giacomo della Porta (1540–1604) pasó a ser arquitecto principal y para mayo de 1590, tras trabajar día y noche con ochocientos obreros, había terminado la bóveda de la cúpula.

El diseño que conocemos tan bien hoy día es responsabilidad, en gran parte, del Papa V (1605–1621), con la ayuda de los arquitectos Giovanni Fontana (1540–1614) y Carlo Maderno (1559–1629). La primera decisión fue expandir la basílica hasta formar una cruz latina. La idea fue de Maderno y tuvo considerable oposición.

El proyecto comenzó en marzo de 1607 y, en noviembre de ese mismo año, se dio comienzo a los trabajos en los cimientos de la nueva fachada del atrio, trabajo que finalmente se completaría en febrero de 1612. En el plazo de tres años, la fachada de la basílica quedó terminada y el edificio estuvo por fin listo para el Domingo de Ramos, 12 de abril de 1615. Habían pasado 168 años desde que el Papa Nicholas V (1447–1455) había sugerido por primera vez la reconstrucción de la basílica, y veintiséis papas habían ocupado el trono de Pedro. Desde la puerta del ábside al extremo de la nave central, la basílica tenía una longitud de 186.86 metros, lo que la convirtió oficialmente en

Basilica. Twenty-six popes had sat on Peter's throne. From the door of the apse to the far end of the central nave, the Basilica was 186.86 meters (613.06 feet) long, officially the largest church in the world. Over the next few decades, it would fall to the great architect Gian Lorenzo Bernini (1598–1680) to complete the majestic columns and the extravagant interior decoration.

WITH OPEN ARMS

When Bernini presented his proposal to enlarge the square in front of the Basilica, it was considered unimpressive. The Reverenda Fabbrica di San Pietro insisted on the development of a wider and longer square, and Pope Alexander VII (1655–1667) suggested a more egg-shaped design, pushing Bernini towards the "human form of embrace" that now frames the massive building. A drawing signed by Bernini and preserved in the Vatican Apostolic Library shows the concept: the Church is a mother who embraces her children.

Bernini was the dominant force in Roman artistic culture for a half century and the most creative artist of the Baroque period. He was the mediator of complex bureaucratic and political tensions and a revolutionary artist. Among the great masters of 17th-century art, he was also the architect who did most to change the appearance of the city.

Bernini created his boldest architectural and sculptural works in Saint Peter's Basilica. He worked under seven Popes—from Paul V (1605–1621) to Innocent XI

la iglesia más grande del mundo. Durante las siguientes décadas, sería tarea del gran arquitecto Gian Lorenzo Bernini (1598–1680) terminar las majestuosas columnas y la extravagante decoración interior.

CON LOS BRAZOS ABIERTOS

Cuando Bernini presentó su propuesta de agrandar la plaza frente a la basílica, la idea no se recibió con entusiasmo. La Reverenda Fabbrica di San Pietro insistía en la creación de una plaza más ancha y más larga, mientras que el Papa Alexander VII (1655–1667) sugería un diseño más ovoide, lo cual condujo a Bernini a la creación de la "forma humana del abrazo" que hoy pone marco a la imponente edificación. Un dibujo firmado por Bernini y preservado en el la Biblioteca Apostólica del Vaticano muestra el concepto: la Iglesia es una madre que abraza a sus hijos.

Bernini fue la fuerza dominante de la cultura artística de Roma por medio siglo y el artista más creativo del Barroco. Actuó como mediador en complejas tensiones burocráticas y políticas y fue un artista revolucionario. De los grandes maestros del siglo XVII, también fue el arquitecto que contribuyó más a cambiar el aspecto de la ciudad.

Bernini creó sus obras arquitectónicas y esculturales más osadas en la Basílica de San Pedro. Trabajó para siete papas—desde Pablo V (1605–1621) a Inocencio XI (1676–1689)—, pero fueron Urbano VIII (1623–1644) y Alejandro VII (1655–1667) los que le encargaron las obras más importantes. El primero le pidió que creara su tumba, una tarea que le llevó casi

(1676–1689)—but it was Urban VIII (1623–1644) and Alexander VII (1655–1667) who gave him his most important commissions. The former asked Bernini to create his tomb, a task that took almost 20 years. And the latter, as we have seen, entrusted him with the creation of the square outside the Basilica.

Bernini encountered many problems in his redesign of Saint Peter's Square. He had to preserve the preexisting constructions, allow for better visibility of the Apostolic Buildings, and correct various errors pertaining to the alignment of the Basilica and the massive ancient Egyptian obelisk. The solutions to all these problems were found in the clear geometric organization of his work and the result is now visible to all. The humanity of the design creates a warm and welcoming atmosphere.

Bernini united the ideas of art and faith in the most profound way. His artistic legacy, however, is not only tied to Saint Peter Square, but also to the decoration

Bernini's concept sketches illustrate how the colonnade represents the arms of the Church embracing the world.
Los bocetos conceptuales de Bernini ilustran la manera en que la columnata representa los brazos de la iglesia abrazando al mundo.

20 años, y el segundo, como hemos visto, le confió la realización de la plaza en el exterior de la basílica.

Bernini se encaró a muchos problemas en el rediseño de la Plaza de San Pedro. Tuvo que conservar las construcciones que ya existían, permitir una mejor visibilidad de los edificios apostólicos y corregir diversos errores con respecto a la alineación de la basílica y del antiguo y gigantesco obelisco egipcio. Tales problemas encontraron solución en la clara organización geométrica de su obra, y el resultado ahora puede contemplarse por todos. La humanidad del diseño crea una atmósfera cálida y acogedora.

Bernini unió las ideas del arte y la fe de la manera más profunda. Su legado artístico, sin embargo, no está vinculado solamente a la Plaza de San Pedro, sino también a la decoración del interior de la basílica. En efecto, el magnífico baldaquino construido sobre el "altar de la confesión", el monumental altar del Trono de San Pedro al final del ábside de la basílica y la decoración de las naves y de los cuatro pilares de la cúpula de Bramante son

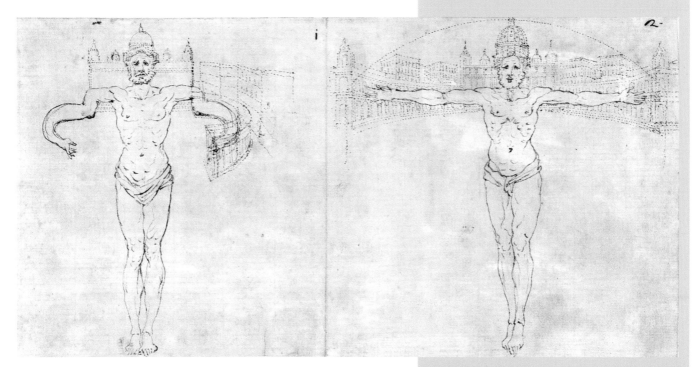

of the Basilica's interior. In fact, the magnificent *baldacchino* built over the Confessional Altar, the monumental Altar of Saint Peter's Chair at the end of the Basilica's apse, and the decoration of the naves and of Bramante's four pillars of the cupola are all Bernini's work. All embody the artist's belief that the pictorial elements of sculpture should be illustrated in large decorative ensembles in which architecture, decoration, and scenery are brilliantly intertwined.

WALKING THE PATH OF FAITH

The open arms of Saint Peter's colonnade express the idea of a welcoming Church. But they also underline the concept of a Church that communicates and transmits ideas to the faithful. The great evangelization began at Saint Peter's Basilica and from the tomb on which it stands.

At the beginning of their history, Christians received the mandate from Jesus to preach the gospel: *"Go now into all the world and preach the good news to all creation"* (Mark 16:15). The Disciples spread this message throughout the Middle East and Europe. Their preaching was at first muffled by the persecution that Christians were forced to endure. But at the beginning of the fourth century, with Constantine's peace, preaching was no longer simply an initiative of the individual. It was now a widespread, organized activity.

It is no exaggeration to say that the paths of art and faith often converge. Many times, art is born and developed in relation to faith demonstrating that

todas obras de Bernini. Todas ellas encarnan la convicción del artista en el sentido de que los elementos pictóricos de la escultura deberían expresarse en grandes compendios decorativos en los cuales la arquitectura, la decoración y el paisaje se entretejen magistralmente.

POR EL CAMINO DE LA FE

Los brazos abiertos de la columnata de San Pedro expresan la idea de una Iglesia receptiva, pero también subrayan el concepto de una Iglesia que comunica y transmite ideas a los fieles. La gran evangelización comenzó en la Basílica de San Pedro y desde la tumba en la cual está enclavada.

En su comienzos, los cristianos recibieron el mandato de Jesús de predicar el evangelio: *"Vayan a todo el mundo y prediquen las buenas nuevas a toda la creación"* (Marcos 16:15). Los discípulos esparcieron este mensaje por todo el Medio Oriente y Europa. Al principio, su predicación fue atenuada por la persecución que fueron obligados a soportar, pero al comienzo del siglo cuarto, con la paz de Constantino, la predicación dejó de ser simplemente una iniciativa individual y se convirtió en una actividad organizada y de carácter general.

No es exagerado decir que los caminos del arte y la fe a veces convergen. Muchas veces, el arte nace y crece a través de la fe, lo cual demuestra que la cultura cristiana es a menudo la cultura de la propia humanidad, una cultura que ha hecho surgir el mayor potencial expresivo en los individuos y las comunidades.

En ese sentido, el arte es el vehículo fundamental para comunicarse con las almas de las personas de cualquier fe, cultura o tradición.

Christian culture is frequently the culture of humanity itself, a culture that has brought out the greatest expressive potential in individuals and in communities.

In this sense, art is the fundamental vehicle for communication with the souls of people of any faith, culture, or tradition. The Vatican is the smallest state in the world, but it is one of the richest in terms of artistic heritage. It is this tradition that enables the Church to be open for dialogue with the world.

El Vaticano es el estado más pequeño del mundo, pero es uno de los más ricos en materia de herencia artística. Es esa misma tradición la que permite a la Iglesia estar abierta al diálogo con el mundo.

Euntes in Mundum Universum Praedicate Evangelium, "Go Forth Into the World and Preach the Gospel" or "Giving of the Keys"
Euntes in Mundum Universum Praedicate Evangelium, "Viajen por el Mundo y Prediquen el Evangelio" o "Entrega de las Llaves"
Gaetano Lapis (1706–1776)
About 1770
Oil on canvas
40 ⅛ x 36 ⅝ inches
Congregation for the Evangelization of Peoples, Vatican City State

The Papacy in the Church and in the World

El Papado en la Iglesia y en el Mundo

Brother Charles Hilken,
F.S.C., M.S.L., Ph.D.

Hermano Charles Hilken,
F.S.C., M.S.L., Ph.D.

Sometime around 2039 the papacy will celebrate 2,000 years of ministry. This will make it the oldest organized institution still in existence, only surpassed in number of years by the office of Pharaoh in ancient Egypt. We marvel at the history of the Pharaohs though we have only hints of its glory in stone and papyrus. So much life lived, so much striving for bonds of community and for economic and social accord, so much celebration of human achievement and honor of divinity is contained within the memory of an institution, now known to us only in shadows.

The papacy on the other hand is a living thing, and its history has become part of the history of communities and cultures throughout the world. Still, questions about its purpose and place in society bring many different responses. The pope's relationship to the world is a dialogue that began in a moment of uncontainable faith by men and women bursting with the desire to share their experience of the new Christian religion. Over time, Christianity accommodated itself to society in order to establish a mode of living. The papacy is one of the institutions that grew up as a social response to the demands of ongoing communal life and worship. But its origins lie in the foundational community of Jesus and his disciples, and in the disciples' desire to preach a message of healing and salvation for all. This holy origin of the papacy—which, Catholics teach, began with Jesus' commissioning of Peter as leader of the new community of faith—sets the papacy apart from any merely human institution and has given it a higher standard to measure itself against. The history

Eventualmente, alrededor de 2039, el papado celebrará 2 mil años de ministerio. Esto le convertirá en la organización más antigua en existencia, sólo superada por el gobierno de los faraones en el antiguo Egipto. Nos maravillamos ante la historia de los faraones aunque tenemos sólo algunos indicios de su gloria en piedras y papiros. Tanta viva vivida, tanta competencia por lazos comunitarios y por acuerdos económicos y sociales, tanta celebración del logro humano y homenaje a la divinidad están contenidos en la memoria de una institución, ahora conocida por nosotros sólo en las sombras.

El papado, por otro lado, es un organismo vivo y su historia se ha convertido en parte de la historia de comunidades y culturas en todo el mundo. Aún así, preguntas acerca de su propósito y lugar en la sociedad ofrece diferentes respuestas. La relación del Papa con el mundo es un diálogo que se inició en un momento de fe incontenible, en el que hombres y mujeres con un deseo rebosante de compartir la experiencia de una nueva religión cristiana. Con el tiempo, el cristianismo se acomodó a la sociedad para poder establecer un modo de vida. El papado es una de las instituciones que creció como respuesta social a las demandas de una creciente necesidad de orar y de tener vida comunitaria. Sin embargo sus orígenes se basan en la comunidad fundamental de Jesús y sus discípulos, y en el deseo de los discípulos de predicar un mensaje de curación y salvación para todos. Este origen divino del papado—que se inició, como enseñan los católicos cuando Jesús le encargó a Pedro liderar esta nueva comunidad de fe—, pone al papado aparte de cualquier institución humana y por eso tiene un estándar mucho más alto contra el cual ser medida. La historia del papado es la compleja

The Virgin Mary with Infant Jesus Between Saints Peter and Paul
Virgen María con el Niño Jesús entre San Pedro y San Pablo
19th century
Oil on canvas
37 ¾ x 32 ¼ inches
Congregation for the Evangelization of Peoples, Vatican City State

of the papacy is the complex story of the response of individual popes to the high calling of Jesus to Peter, and the world's looking to Peter's successors for that same faith and love that Peter, in his own human frailty, could not help but share.

The community of the Church has the pope at its head. No single person, outside of Jesus himself, can embody everything that it means to be a Christian. Peter was not the first Christian. That honor goes to Mary, the Blessed Mother, who demonstrated in a privileged and physical manner the call to all Christians to nurture Jesus within themselves and to present him to the world. Peter's death in Rome, after 25 years of ministry there, laid the seeds of the primacy of the Church in Rome over all the other churches of the world. But Peter did not die alone. The witness that he gave was part of a communal witness. To this day, Roman Catholics remember the martyrs of Rome who gave their lives because of their faith during the first Roman persecution under Emperor Nero in 64 A.D. Most of these martyred saints are anonymous, but not all. Saint Paul, the apostle to the Gentiles, author of 13 letters in the New Testament, also gave up his life during Nero's persecution. Along with Saint Peter, Paul is considered a founding apostle of the Church at Rome. Though the papal office is singular—only one pope holds the office at a time—the popes look back to Peter and Paul as the sources of their legitimacy: Peter because of his special commissioning and Paul because of his personal conversion by the risen Jesus on the road to Damascus, and both apostles because of their common martyrdom.

historia de la respuesta individual de los papas al llamado exigente de Jesús a Pedro, y del mundo que busca en los sucesores de Pedro esa misma fe y amor que Pedro, en su propia fragilidad humana, no pudo hacer otra cosa que compartir.

La comunidad de iglesia tiene su cabeza en el Papa. Ninguna otra persona , además de Jesús mismo, puede personificar todo lo que significa ser cristiano. Pedro sin embargo no fue el primer cristiano. Ese honor le corresponde a María, la madre bendita que demostró, de una manera física y privilegiada, el llamado del todos los cristianos a cultivar a Jesús en nosotros mismos y presentárselo al mundo. La muerte de Pedro en Roma, luego de 25 años de ministerio allí, sembró las raíces del protagonismo de la iglesia de Roma sobre todas las otras iglesias del mundo. Pero Pedro no murió solo. Su mensaje formaba parte de un mensaje comunal. Hasta el día de hoy, los católicos romanos recuerdan a los mártires de Roma que dieron su vida por su fe, durante la primera persecución Romana ordenada por el emperador Nerón en 64 D.C. La mayoría de estos santos mártires son anónimos, pero no todos. San Pablo, el apóstol de los gentiles, autor de 13 cartas en el nuevo testamento también entregó su vida durante la persecución de Nerón. Al lado de San Pedro, Pablo es considerado un apóstol fundador de la iglesia de Roma. Aunque el oficio papal es singular—sólo puede ser ejercido por un Papa a la vez—los Papas miran hacia atrás a Pedro y Pablo como fuentes de su legitimidad: Pedro debido a su comisión especial y Pablo debido a su conversión personal luego de la aparición de Jesús mientras se dirigía a Damasco, y a que ambos apóstoles debido que los dos fueron martirizados.

There are many echoes of the double authority of Peter and Paul in Rome. One that is still very current is the demand upon each bishop of the world to visit Rome every five years of his ministry to venerate the tombs of the apostles Peter and Paul and to meet with the pope in a papal audience called *ad limina apostolorum* (to the threshold of the apostles). The very names of the four major papal basilicas of Rome remind the visitor of the community of disciple-leadership in the early Church. After Saint John Lateran, whose formal and original name is the Church of our Savior, there come the basilicas of Peter and Paul, and the great basilica dedicated to Mary. Saint Mary stands as a special patron of the papacy, a fact highlighted by the late Pope John Paul II's dedication of his entire ministry (*"totus tuus"* or "all yours" in his motto) to her.

The double patronage of the papacy under Peter and Paul reflects two central aspects of the papal ministry: the pope as pastor and preacher. As pastor, the pope continues the office which Peter received from Jesus to be his vicar in ministering to the universal Church. The unique and supreme authority of the papacy over all other Church jurisdictions gives the popes the freedom necessary to exercise leadership, especially in doctrine and liturgy, without the risk of any contrary influences. The pastoral office is chiefly one of loving service to those who already belong to the Church. Jesus gave its raison d'etre on the shores of Galilee when he commanded Peter three times to feed his sheep as proof of his love. There have been 264 popes since Peter. All have been elected by the Church and the clergy of

Hay muchos ejemplos sobre la doble autoridad de Pedro y Pablo en Roma. Una de ellas que está aún vigente, es que cada obispo del mundo debe visitar Roma cada 5 años de su ministerio para venerar las tumbas de los apóstoles Pedro y Pablo y reunirse con el Papa en una audiencia papal llamada *ad limina apostolorum* (umbral de los apóstoles). Los nombre mismos de las cuatro basílicas papales más importantes de Roma recuerdan al visitante sobre la comunidad del liderazgo apostólico de los inicios de la iglesia. Después de San Juan de Letrán, cuyo nombre real y original es la Iglesia de Nuestro Salvador, están las basílicas de Pedro y Pablo y la gran basílica dedicada a María. Santa María resalta como protectora especial del papado, un hecho evidente para el Papa Juan Pablo II al dedicarle a ella (con su lema *"Aotus tuus"* o "todo tuyo"), su ministerio entero.

El doble patronato del papado de Pedro y Pablo refleja dos aspectos centrales del ministerio papal: el papa como pastor y como predicador. Como pastor, el Papa continúa el oficio que Pedro recibió de Jesús de ser su vicario y velar por la iglesia universal. La exclusiva y suprema autoridad del papado sobre todas la jurisdicciones de la iglesia le da al Papa la libertad necesaria para ejercer su liderazgo, especialmente en cuanto a la doctrina y la liturgia, sin enfrentar el riesgo de tener influencias opuestas . El oficio pastoral es principalmente un servicio afectuoso hacia aquellos que ya pertenecen a la iglesia. Jesús ofreció su razón de ser en las playas de Galilea cuando le pidió a Pedro tres veces que alimentara a sus ovejas como prueba de su amor. Ha habido 264 Papas desde Pedro. Todos han sido elegidos por la iglesia y el clero de Roma, y respaldados por reglas claramente definidas, establecidas para asegurar

Rome and established by well-defined rules meant to insure that the electors base their decision solely on "the glory of God and the good of the Church." The newly-elected popes have been consecrated in their office by bishops who were themselves ordained by popes, thus preserving the transmission of authority in an unbroken chain from the time of the apostles. The popes stand immediately in relation to the Church in Rome and remotely to other churches of the world just as Jesus stood in relation to those who gathered about him. This is the great and humbling privilege of the pope as supreme pastor.

Throughout history, the pastoral office of the popes has witnessed many changes. Popes were always the first targets during outbreaks of Roman persecution, a tactic used to instill fear in the Christian populace. The papacy survived to enjoy imperial favor in the era of Christian Roman emperors. The first records of Church institutions and organs of papal government were kept in these times.

During the dark years of the 6th to 9th centuries, the centuries of the fall of Rome

The Ruins of the Imperial Forum
Ruinas del Foro Imperial
1865
Micromosaic
18 ¾ x 24 ⅝ inches
Congregation for the Evangelization of Peoples, Vatican City State

que los electores basan sus decisiones únicamente en "la gloria de Dios y el bienestar de la iglesia." Los Papas elegidos recientemente han sido consagrados en su oficio por obispos quienes, a su vez, fueron ordenados por Papas, preservando así la transmisión de la autoridad a través de una cadena ininterrumpida desde los tiempos de los apóstoles. Los Papas sobresalen inmediatamente en su relación con la iglesia en Roma y remotamente con otras iglesias del mundo, de la misma manera en que Jesús resalta entre quienes le rodeaban. Este es el inmenso y humilde privilegio del Papa como pastor supremo.

A través de la historia, el oficio pastoral de los Papas ha presenciado numerosos cambios. Los Papas fueron siempre los primeros blancos durante el desencadenamiento de las persecuciones romanas, una táctica usada para infundir miedo entre las masas cristianas. El papado sobrevivió para disfrutar del favor imperial en la era de los emperadores cristianos romanos. En este tiempo se realizaron los primeros registros de las instituciones de la iglesia y la organización del gobierno papal.

Durante los oscuros años de los siglos 6 y 9, los siglos de la caída de Roma a manos de

to barbarians, the pastoral care exercised by the popes was both spiritual and physical. The deaconries of Rome, which served as central distribution points for material sustenance, emerged alongside a full calendar of papal visits to the many stational churches throughout the city. The collapse of public power in the wake of the barbarian invasions eventually drew the papacy into petty politics. It became the tool of local lords who sought to aggrandize their families by controlling papal elections. With the help of a newly active imperial authority in the West and a widespread spiritual renewal centered in Benedictine monasteries everywhere, papal independence was restored. This, in turn, ushered in a new era of strong papal leadership, this time not only for the Church and the city of Rome, but for the whole of the Latin Church. The papacy of the 12th and 13th centuries became a great court of spiritual and temporal appeals from all over Europe.

This newly invigorated ministry would be moderated again and again by the new political realities of city and nation states and eventually by widespread religious reform. The boundaries of these reforms took shape along national lines, reducing papal authority mainly to the countries touching the northern Mediterranean coast, along with their overseas colonies. This state of affairs continued into the modern era when the papacy emerged as a strong international voice for spiritual and human concerns. This was due in part to survival and status of the papacy as a free agent following the loss of its vast political territories in Italy and the more general

los bárbaros, el cuidado pastoral ejercido por los Papas fue tanto espiritual como físico. Los diaconatos de Roma que servían como puntos centrales de distribución para material de sostenimiento, surgieron al lado del ocupado calendario de visitas papales a las numerosas iglesias ubicadas en toda la ciudad. El colapso del poder público a raíz de las invasiones bárbaras eventualmente llevó al papado a la politiquería. Se convirtió en una herramienta de poderosos individuos locales quienes buscaban expandir sus familias controlando las elecciones papales. Con la ayuda de una nueva y activa autoridad imperial en occidente y la renovación espiritual generalizada, centrada en monasterios benedictinos por doquiera, la independencia papal fue restaurada. Esto a su vez llevó a una nueva era de liderazgo papal, esta vez no sólo para la iglesia y la ciudad de Roma, sino para toda la iglesia latina. El papado de los siglos 12 y 13 se convirtió en una gran corte de súplicas espirituales y temporales por toda Europa.

Este nuevo ministerio fortalecido sería controlado una y otra vez por nuevas realidades políticas de ciudades y naciones estado, y eventualmente por una reforma religiosa generalizada. Las fronteras de estos cambios tomaron forma a través de los límites nacionales, reduciendo la autoridad papal principalmente a los países al borde de la coste norte mediterránea y en otras colonias extranjeras. Esta situación continuó en la era moderna cuando el papado emergió como una fuerte voz internacional para las preocupaciones espirituales y humanas. Esto se debió en parte a que la supervivencia y estatus del papado como una fuerza autónoma después de la pérdida de vastos territorios políticos en Italia y la separación constitucional de iglesia y estado generalizada en las democracias emergentes.

constitutional separations of church and state in the emergent democracies.

The pastoral ministry of the popes is complemented by their leadership in the preservation of the purity of the Christian message and in announcing this same message to the rest of the world. Saint Paul has guided and inspired the papacy whenever popes have turned their faces to the world to announce the Christian Gospel as a prophetic message. He represents the sewing of the faith among those who hear the Christian message for the first time. Paul himself, in a letter written to the Church in Rome, gave thanks for the office that he received with words often repeated by spiritual writers through the centuries, "But how are men to call upon him in whom they have not believed? And how are they to believe in him of whom they have never heard? And how are they to hear without a preacher? And how can men preach unless they are sent? As it is written, 'How beautiful are the feet of those who preach the good news!'" (Romans: 10:14-15). It is this gift of preaching the authentic message of Christianity that Paul

Illuminated Manuscript with Saints Peter and Paul
Manuscrito Iluminado con los Santos Pedro y Pablo

El ministerio pastoral de los Papas se complementa con su liderazgo en la preservación de la pureza del mensaje cristiano y en el anuncio de este mismo mensaje al resto del mundo. San Pablo ha guiado e inspirado el papado cada vez que los Papas dan la cara al mundo para anunciar el evangelio cristiano como un mensaje profético. Él representa el bordado de la fe entre aquellos que escuchan el mensaje cristiano por primera vez. Pablo mismo, en una carta escrita a la iglesia en Roma, da gracias por el oficio que recibió, con frases repetidas a menudo por escritores espirituales a través de los siglos, "pero ¿cómo podrán los hombres invocar a quien en ellos no han creído? ¿Como podrán predicar si no han sido enviados? Como está escrito: ¡qué bellos son los pies de aquellos que llevan las buenas nuevas!" (Romanos: 10:14–15). Es precisamente este don de predicar el auténtico mensaje de la cristiandad lo que Pablo hereda a la iglesia romana, y al papado como cabeza de la iglesia.

La historia del oficio misionero del Papa revela un deseo amplio y consistente de involucrar a otros en el diálogo acerca de las verdades reveladas en los misterios cristianos de Dios, la humanidad y la creación. El papa Gregorio I (540–604), quien sobresale como uno

bequeathed to the Roman Church and to the papacy, as head of the Church.

The history of the missionary office of the papacy reveals a broad and consistent desire to engage others in a dialogue about the truths revealed in the Christian mysteries about God, humanity and creation. Pope Gregory I (540–604), who stands out as one of the greatest pastoral popes in history, is famous for urging the earliest missionaries to England to allow new converts to Christianity to keep their old sacred places and their customs of feasting. He reasoned, "if some external joys are preserved, they will more easily experience interior joys" (Bede, *Ecclesiastical History of the English* 1, 30).

Throughout the Dark Ages, the popes consistently sided with those who wanted to translate the Scriptures and liturgy into the languages of recent converts, arguing with the help of the ancient fathers of the Church that "the word follows

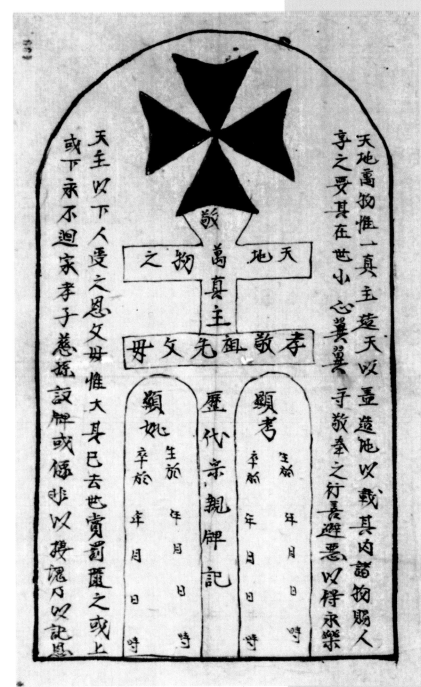

Tablet of Ancestors
Placa de Ancestros
1718
Rice paper
17 ⅛ x 11 ¾ inches
Congregation for the Evangelization of Peoples, Vatican City State

de los más grandes Papas pastorales de la historia, es famoso por impulsar las primeras misiones a Inglaterra y permitir, a los cristianos recién convertidos, mantener sus viejos lugares sagrados y su manera de festejar. Él pensó: "si algunos deleites externos se preservan, ellos experimentarán más fácilmente el gozo interior" (Bede, *Ecclesiastical History of the English* 1, 30).

A lo largo de la edad media, los Papas apoyaron a aquellos que querían traducir las escrituras y la liturgia a los idiomas de los recién convertidos argumentando, con la ayuda de los viejos padres de la iglesia, que "el mundo sigue la realidad y no la realidad al mundo." Esta fue la motivación que dio lugar a la misión eslava de San Cirilo y San Metodio que llevó el evangelio desde Bohemia hasta Ucrania.

El avance de los ejércitos mongoles abrió nuevas rutas a Asia durante el siglo 13. Los Papas aprovecharon la aparición de las nuevas órdenes de Franciscanos y

the reality and not the reality the word." This was the motivation that drove the Slavic mission of Saints Cyril and Methodius to spread the Gospel from Bohemia to the Ukraine.

The advancing Mongol armies opened new pathways to Asia during the 13th century. The popes made use of the new preaching orders of Franciscans and Dominicans to carry the message of Christianity to China. This endeavor followed the grand vision of Saint Paul, who believed that the word had to be preached to all before Christ would come again to bring all things into one. This same zeal prompted the Renaissance popes to take great interest in the European colonization of the New World. Their efforts gave early, but unfortunately largely futile, evidence of the protection of human rights, the condemnation of slavery, and the promotion of the dignity of the human person.

The Catholic Reformation of the 16th century gave birth to a new papal program of the encounter with peoples of the world. Using the most recent means of media and transportation, the papacy launched the modern missionary movement with the establishment of the Congregation for the Propagation of the Faith (the present Congregation for the Evangelization of Peoples) and the Urban College, which still draws its remarkable student body from all corners of the world. In 1627, Pope Urban VIII (1623–1644) placed his new missionary college under the patronage of Peter and Paul. Pope John XXIII (1958–1963) journeyed to the tomb of Saint Paul in 1959 to announce the Second Vatican Council. He hoped it would bring about a dialogue between a Church

Dominicos para predicar y llevar el mensaje de la cristiandad a China. Esta misión siguió la gran visión de San Pablo, quien consideraba que la palabra debía predicarse a todos antes del regreso de Cristo que traería la unidad. El mismo entusiasmo llevó a los Papas del Renacimiento a interesarse más en la colonización europea del Nuevo Mundo. Sus esfuerzos funcionaron al principio pero infortunadamente no tuvieron ningún efecto significativo en la protección de los derechos humanos y la censura de la esclavitud, así como la promoción de la dignidad de la persona humana.

La reforma católica del siglo 16 dio origen a un nuevo programa papal de encuentro con los pueblos del mundo. Usando los más modernos medios de transporte disponibles, el Papa lanzó el movimiento misionero moderno con el establecimiento de la Congregación para la Propagación de la Fe (conocida hoy como la Congregación para la Evangelización de los Pueblos) y el Colegio Urbano, el cual aún atrae a un numeroso cuerpo estudiantil desde todos los rincones del mundo. In 1627, el Papa Urbano VIII (1623–1644) puso su nueva institución misionera bajo el patronato de Pedro y Pablo. El Papa Juan XXIII (1958–1963) viajó a la tumba de San Pablo en 1959 para anunciar el Segundo Concilio Vaticano, con el cual esperaba iniciar un diálogo entre la iglesia en contacto con lo que ocurría en el mundo, y el mundo esperando escuchar ese mensaje. Su sucesor, Giovanni Battista Montini (1963–1978), señaló su propio deseo de ser el portador del mensaje cristiano que el mundo esperaba escuchar ansioso, al escoger el nombre de Pablo, el primer Papa en hacerlo en más de 350 años.

Finalmente, en nuestro tiempo, el papado continúa guiando el diálogo cristiano con el mundo, a través de la promoción de nuevas

in touch with the signs of the times and a world waiting to hear its message. His successor, Giovanni Battista Montini (1963–1978), signaled his own desire to be the bearer of the Christian message to a world eagerly waiting to hear it by choosing the name Paul, the first pope to do so in more than 350 years.

Finally in our own times the papacy continues to lead the Christian dialogue with the world through its promotion of new theologies of mission and through the personal journeys of the recent popes to all parts of the globe. While there have been moments of misunderstanding of cultures new to the Church, as evident, for example, in the 17th-century dispute over Chinese rites, one can trace a consistent message of love and the desire for the salvation of souls.

Most recently, Pope Benedict XVI led the Church in a year dedicated especially to Saint Paul, whom he hailed as co-founder of the Church of Rome. The two apostles together, the pope proclaimed, represent the unity of the Church wherever it is found. Speaking at Saint Paul Outside the Walls on the eve of the celebration of the two apostles in June, the Pope said, "Peter and Paul appear as the founders of a new City, the expression of a new and authentic way of being brothers which was made possible by the Gospel of Jesus Christ. For this reason, it can be said that the Church in Rome is celebrating her birthday today, since it was these two Apostles who laid her foundations"

Portrait of Urban VIII
by Gian Lorenzo Bernini
*Retrato de Urbano VIII por
Gian Lorenzo Bernini*

teologías de las misiones y de los viajes de los papas recientes por todo el mundo. Si bien se han presentado malentendidos entre culturas nuevas para la iglesia, como ocurrió con la disputa del siglo 17 alrededor de los ritos chinos, es posible seguir el rastro del mensaje continuo de amor y el deseo de la salvación de las almas.

Más recientemente, el Papa Benedicto XVI lideró a la iglesia en un año dedicado especialmente a San Pablo, a quien ha aclamado como cofundador de la iglesia de Roma. Los dos apóstoles juntos, aseguró el Papa, representan la unidad de la iglesia donde quiera que esta se encuentre. Durante su intervención en la basílica de San Pablo afuera de las murallas, en la noche de celebración de los dos apóstoles en junio, el Papa dijo: "Pedro y Pablo aparecen como fundadores de una nueva ciudad, la expresión de una nueva y auténtica manera de ser hermanos, sólo posible a través del evangelio de Jesucristo.

Por esta razón podemos decir que la iglesia en Roma está celebrando hoy su cumpleaños ya que fueron estos dos apóstoles quienes sentaron sus cimientos" (Benedicto XVI, *Homilía*, Junio 28 de 2007). La evocación que hizo el santo padre de los dos apóstoles, como fundadores de la iglesia romana, hace eco de un mensaje inmemorial. Al amanecer del primer milenio, un monje anónimo de Verona nos dejó la canción del peregrino, *O Roma Nobilis*, la cual captura el mismo sentimiento.

(Benedict XVI, *Homily*, 28 June 2007). The Holy Father's evocation of the two great apostles as founders of the Roman Church is an echo of an age-old message. At the dawn of the first millennium, an anonymous monk of Verona left us the pilgrim's song, *O Roma Nobilis*, which captures the same sentiment.

> *O noble Rome, most wonderful*
>   *mistress*
> *Of all cities in all of the world,*
> *Running crimson with the red blood*
>   *of martyrs,*
> *Resplendent with the white lilies of*
>   *virgins,*
> *We wish you good health in all things*
> *And we bless you—hail through the*
>   *ages!*
> *Peter, you supreme key-giver to the*
>   *heavens,*
> *Hear our vows as we pray constantly*
> *When you sit supreme as judge of*
>   *the twelve tribes;*
> *Becoming placable, judge them*
>   *leniently*
> *And as we beg you now at this time,*
> *Cast your vote for us mercifully.*
> *O Paul, accept these prayers of ours—*
> *You whose hard work crushed the*
>   *philosophers;*
> *Now the steward of the heavenly palace,*
> *Serve up courses of the divine gift,*
> *So that whatever Holy Wisdom replen-*
>   *ished you with,*
> *You may now fill us entirely with your*
>   *teachings.*

Translated by James J. Wilhelm, *Lyrics of the Middle Ages: An Anthology* (1990)

Brother Charles Hilken, fsc

> *O noble Roma, la más maravillosa de las*
>   *damas*
> *De todas las ciudades en todo el mundo*
> *Llevando el carmesí de la sangre roja de los*
>   *mártires,*
> *Resplandeciente con los blancos lirios de las*
>   *vírgenes*
> *Te deseamos buena salud en todo*
> *Y te bendecimos—aclamada a través del*
>   *tiempo*
> *Pedro, tú, supremo guarda llaves de los cielos*
> *Escucha nuestros votos mientras oramos*
>   *a cada instante*
> *Cuando te sientes como juez supremo*
>   *de las 12 tribus;*
> *Siendo reconciliable, júzgalos con miseri-*
>   *cordia*
> *Y así como a esta hora te rogamos*
> *Apóyanos con tu voto compasivo*
> *O Pablo, acepta nuestras súplicas—*
> *Tú, cuyo arduo trabajo apabulló a los*
>   *filósofos;*
> *Ahora guardián del palacio celestial,*
> *Sírvenos los platos del regalo divino*
> *Para que así toda la sabiduría divina que*
>   *te alimenta*
> *Pueda ahora llenarnos por completo con tus*
>   *enseñanzas.*

Traducido al inglés por James J. Wilhelm, *Lyrics of the Middle Ages: An Anthology* (1990)

Foundations of the Church

Fundamentos de la Iglesia

The Vatican and the Catholic Church grew out of the events described in the New Testament: the story of Jesus, the Holy Family, and the Apostles. Not only are they the foundations of the Church, these iconic figures also have been the focus of much Western art across the centuries.

Two thousand years ago, Rome conquered Palestine but considered it of little strategic importance. From the imperial center, this stony, arid land was merely a distant province on the edge of the empire. Yet, it was there, in Bethlehem, one of the region's smallest towns, that Jesus was born.

The birth of Jesus is fundamental to the history of the Catholic Church. Christians believe that the infant was the son of God and the savior of humankind. In the West, and eventually the entire world, events in history would be dated as preceding or following the moment of his birth.

Jesus never left the Holy Land, but his disciples went on to spread his message throughout the world.

The beginning of the exhibition emphasizes the strong relationship between Jesus Christ and his apostles, particularly Peter, who was the first head of the Catholic Church and became the first pope of Rome.

El Vaticano y la iglesia Católica surgieron de eventos descritos en el Nuevo Testamento: La historia de Jesús, la Sagrada Familia y los apóstoles. Estas figuras representativas no sólo son los cimientos de la iglesia sino que han sido, durante siglos, el centro de atención de la mayoría del arte occidental.

Hace dos mil años Roma conquistó Palestina pero la consideraba un lugar de poca importancia estratégica. Desde el centro imperial, esta tierra árida y pedregosa era simplemente una provincia distante en los límites del imperio. Sin embargo fue allí, en Belén, uno de los pueblos más pequeños de la región, donde nació Jesús.

El nacimiento de Jesús es fundamental en la historia de la Iglesia Católica. Los Cristianos consideran que el niño es el hijo de Dios, el Salvador de la humanidad. En occidente, y eventualmente en el mundo entero, los eventos históricos serían fechados como antes y después del momento de su nacimiento.

Jesús nunca abandonó Tierra Santa pero sus discípulos llevaron su palabra por todo el mundo.

El inicio de la exhibición hace énfasis en la fuerte relación de Jesucristo con sus apóstoles, particularmente Pedro, quien fuera la primera cabeza de la iglesia católica y se convirtiera en el primer Papa de Roma.

FACING PAGE:
Adoration of the Magi
Adoración de los Reyes Magos
Borgia collection
15th–16th century
Tempera on wood
33 ⅛ x 27 ½ inches
Congregation for the Evangelization of Peoples, Vatican City State

The Tombs of Saint Peter and Saint Paul

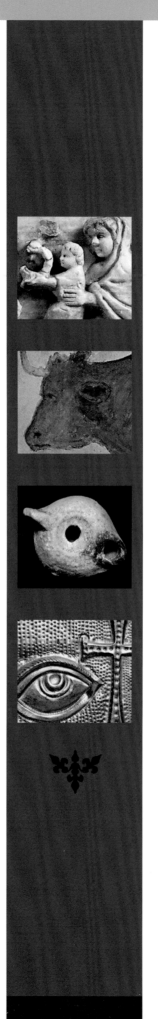

Las Tumbas de San Pedro y San Pablo

Peter and Paul, the founding apostles, represent the dual missions of the Catholic Church. Peter exemplifies the bishop's ministry to the local Church, and Paul characterizes the work and example of the preacher who goes out into the world to build the Church in new soil.

As a Jew who had adopted Christianity, Peter primarily preached to other Jews and favored Jewish customs, such as circumcision, even for non-Jews embracing the new faith. Paul, apostle to the gentiles, thought such measures unnecessary.

Unlike the other apostles, Paul never met Jesus during his lifetime. Legend has it that he was beheaded during the reign of the emperor Nero. In the 2nd century, Christians erected a monument where Paul was buried. Today, this is the site of the Basilica of Saint Paul Outside the Walls.

Peter was Jesus' chosen disciple. He came to Rome around the middle of the first century. At the time, Christianity was illegal and followers of the Church were persecuted. Within a few years of his arrival, Peter was arrested and executed.

It is widely believed that Peter died near the Egyptian obelisk in Nero's Circus, a stadium where many Christians were put to death by the Roman authorities. Because he felt unworthy to die in the same manner as Jesus, Peter asked to be crucified upside down.

Peter's companions buried his body in a nearby Roman cemetery on Vatican Hill, outside the city walls. The

Oil Lamp from the Vatican Necropolis Excavations
Lámpara de Aceite de las Excavaciones de la Necrópolis Vaticano
Clay
2 x 3 ⅛ x 3 ⅞ inches
The Reverenda Fabbrica of Saint Peter, Vatican City State

Pedro y Pablo, los apóstoles fundadores, representan las dos misiones de la iglesia Católica. Pedro ejemplifica el ministerio del obispo con la iglesia local; y Pablo, tipifica el trabajo y el ejemplo del predicador que va por el mundo para construir la iglesia en nuevas tierras.

A diferencia de los otros apóstoles, Pablo no conoció a Jesús en vida. Dice la leyenda que fue decapitado durante el reinado del emperador Nerón. En el siglo 2 los cristianos levantaron un monumento donde Pablo fue enterrado. Hoy día es el lugar que ocupa la Basílica de San Pablo afuera de las muralla.

Pedro era el discípulo elegido de Jesús. Vino a Roma alrededor de la mitad del siglo primero. En ese entonces, la Cristiandad era considerada ilegal y los seguidores de la iglesia eran perseguidos. Pocos años después de haber llegado, Pedro fue arrestado y ejecutado.

Es ampliamente aceptado que Pedro murió cerca al obelisco egipcio en el Circo de Nerón, un coliseo donde muchos cristianos murieron a manos de las autoridades romanas. Debido a que él no se consideraba digno de morir igual que Jesús, Pedro pidió ser crucificado con la cabeza abajo.

Los amigos de Pedro lo enterraron en un cementerio romano cercano, en la Colina Vaticana, afuera de las murallas de la ciudad. Los romanos sentían gran respeto por los muertos. Aún cuando los cristianos fueron perseguidos por otros 200 años, la tumba de Pedro permaneció intacta.

Esta sección de la exhibición incluye una reproducción en escala real del monumento del siglo 2 construido encima de la tumba de Pedro y un molde del antiguo

Romans had great respect for the dead. Even though Christians continued to be persecuted for another 200 years, Peter's tomb remained unharmed.

This section of the exhibition includes a full-scale reproduction of the second-century monument built above Peter's grave, and a cast of the ancient graffiti that supplied a clue to the discovery of Peter's bones. It also includes clay oil lamps found during the excavations of Peter's tomb that were used by visitors to the ancient cemetery to light their way, and a brick found in the recent excavation of Paul's tomb.

graffiti que ofreciera la pista para el descubrimiento de los huesos de Pedro. Incluye además lámparas de aceite, hechas de arcilla, encontradas durante las excavaciones en la tumba de Pedro y que usaban los visitantes al antiguo cementerio para iluminar el camino; además de un ladrillo encontrado en una reciente excavación de la tumba de Pablo.

Oil Lamp from the Vatican Necropolis Excavations
Lámpara de Aceite de las Excavaciones de la Necrópolis Vaticano
Clay
2 x 3 ⅛ x 3 ⅞ inches
The Reverenda Fabbrica of Saint Peter, Vatican City State

Petros Eni

Plaster Fragment Cast of the "Red Wall" in the Vatican Scavi, with Grafitto "Petros Eni" (Peter Is Here)
Vaciado de Yeso de la "Pared Roja" en la Excavación Arqueológica del Vaticano, con la Inscripción "Petros Eni" (Pedro Esta Aquí).
Plaster
2 ¾ x 1 ⅝ x ¾ inches
The Reverenda Fabbrica of Saint Peter, Vatican City State

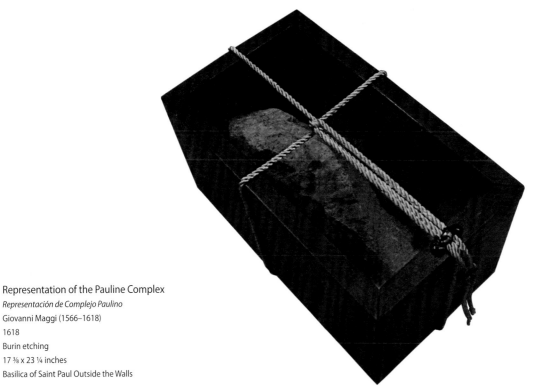

Brick from the Tomb of Saint Paul
Ladrillo de la Tumba de San Pablo
~ 2nd century
Terracotta
8 ⅛ x 4 ¼ x 3 ⅞ inches
Basilica of Saint Paul Outside
the Walls

Representation of the Pauline Complex
Representación de Complejo Paulino
Giovanni Maggi (1566–1618)
1618
Burin etching
17 ⅜ x 23 ¼ inches
Basilica of Saint Paul Outside the Walls

Watercolor with Pictorial Decorations of the Mausoleum F (140–150 A.D.) or "Dei Caetenni": Ram

Acuarela con Decoraciones Pictóricas del Mausoleo F (140–150 A.D.) o "Dei Caetenni": Carnero

G. Alessio

1950

Watercolor

20 ⅛ x 24 ⅜ x 1 ⅛ inches

The Reverenda Fabbrica of Saint Peter, Vatican City State

Watercolor with Pictorial Decorations of the Mausoleum F (140–150 A.D.) or "Dei Caetenni": Bull

Acuarela con Decoraciones Pictóricas del Mausoleo F (140–150 A.D.) o "Dei Caetenni": Toro

G. Alessio

1950

Watercolor

20 ⅛ x 24 ⅜ x 1 ⅛ inches

The Reverenda Fabbrica of Saint Peter, Vatican City State

Votive Plaque

Placa con Ofrenda

Peter's grave was a site of veneration for early believers. The votives left there mark the beginning of the Christian dialogue between faith and art. Like other ancient people, early Christians showed their religious devotion by leaving offerings at the burial places of their dead. They also left tributes near places dedicated to the holy.

This is a reproduction of a gold votive plaque from the 6th or 7th century, found wedged tightly within Peter's tomb. The image of two eyes separated by a Latin Cross and the location of the votive make clear the intention of the pilgrim who left it: he or she is expressing gratitude to Saint Peter for interceding with Jesus to help cure an eye problem. Archaeologists who excavated the tomb surmised that it survived because it was hidden from grave robbers looking for gold and precious materials.

Votive Plaque from Tomb of Saint Peter
De una Veladora en la Tumba de San Pedro
Modern Reproduction of a 6th- to 7th-century Original
Gold
1 ⅜ x 2 ⅜ inches
The Reverenda Fabbrica of Saint Peter, Vatican City State

La tumba de Pedro era un lugar de veneración para los primeros creyentes. Las numerosas veladoras dejadas allí representan el inicio del diálogo cristiano entre la fe y el arte. Como cualquier otro pueblo antiguo, los primeros cristianos mostraban su devoción religiosa dejando ofrendas en los sitios donde enterraban a sus muertos. También acostumbraban dejar tributos cerca a los lugares dedicados a lo sagrado.

Esta es una reproducción de la placa de una veladora de oro de los siglos 6 ó 7, incrustada firmemente dentro de la tumba de Pedro. La imagen de dos ojos separados por la cruz latina, y la ubicación de la veladora, señalan la clara intención del peregrino que la dejó allí: ella o él expresaron así su agradecimiento a San Pedro por interceder con Jesús para curar algún problema de la vista. Los arqueólogos que excavaron la tumba suponen que sobrevivió debido a que estaba fuera de la vista de los saqueadores de tumbas que buscaban oro y materiales preciosos.

Marble Urn of Trebellena

Peter's remains were placed in a Roman burial cemetery. The site is now the Vatican Scavi which is located beneath the altar of Saint Peter's Basilica. This funerary urn was found near his grave. The inscription on the urn reads:

Valeria Taeccina made [this] for the dearest mother, Trebellena Flacilla.

A coin found with the ashes dates the burial site to approximately 318 A.D. This is evidence that the necropolis continued to be used into the early years of the reign of the Emperor Constantine, who sponsored the construction of the first Basilica of Saint Peter, built over the necropolis.

Original and Unique Cast of the Marble Urn of Trebellena Flaccilla
Molde Único y Original de la Urna de Mármol de Trebellena Flaccilla
317–318 A.D.
Marble
The Reverenda Fabbrica of Saint Peter, Vatican City State

Urna de Mármol de la Trebellena

Los restos de Pedro fueron ubicados en un cementerio romano. El lugar está ahora en la Excavación Arqueológica del Vaticano ubicada detrás del altar de la Basílica de San Pedro.

Esta urna funeraria con cenizas fue encontrada cerca a la tumba de Pedro la inscripción en la urna dice:

Valeria Taeccina hizo [esto] para su querida madre, Trebellena Flacilla.

Una moneda encontrada con las cenizas ubica la fecha del lugar del entierro aproximadamente en el año 318 D.C. Esto evidencia que la necrópolis seguía en uso durante los primeros años del reinado del Emperador Constantino quien patrocinó la primera basílica de San Pedro construida encima de la necrópolis.

Original and Unique Cast of a Lid Portion of a Sarcophagus of the 4th Century
Re-used for the Pius VI (1775–1779) Burial: Adoration of the Magi
Molde Único y Original de una Porción de la Cubierta de un Sarcófago del Siglo 4
Reutilizado para el Entierro de Pío VI (1775–1799): Adoración de los Reyes Magos.
4th century
25 ¼ x 63 x 4 ⅜ inches
The Reverenda Fabbrica of Saint Peter, Vatican City State

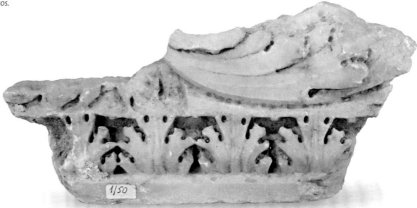

Architectural Decoration Marble Fragment from
the Vatican Necropolis
Fragmento Arquitectónico de Mármol Decorativo de la
Necrópolis del Vaticano
3 ⅛ x 3 ⅞ x 3 ½ inches
The Reverenda Fabbrica of Saint Peter, Vatican City State

Architectural Decoration Marble Fragment from
the Vatican Necropolis
Fragmento Arquitectónico de Mármol Decorativo de la
Necrópolis del Vaticano
5 ½ x 10 ⅝ x 2 inches
The Reverenda Fabbrica of Saint Peter, Vatican City State

Constantine's Basilica

La Basílica de Constantino

Christianity remained an outlawed religion until the rule of Emperor Constantine in the 4th century A.D.

According to legend, Constantine, a Roman army officer, was marching on the capital in 312 A.D. when he had a vision of a flaming cross in the sky emblazoned with the words, "By this sign, you shall conquer." After defeating his rival Maxentius at the Battle of the Milvian Bridge near Rome, Constantine was proclaimed emperor. With his conversion at the beginning of the 4th century, Christianity became accepted across the Roman Empire.

Constantine is said to have ordered the building of shrines over the tombs of Peter and Paul and started construction on three of the four major basilicas of Rome: Saint John Lateran, Saint Paul Outside the Walls, and Saint Peter's.

The architectural style of the basilicas was Roman. However, unlike Roman, Greek, and Egyptian temples, the churches were open to the whole congregation, not only to priests. For the first time, Roman Christians no longer had to practice

Etching from the Work "Il Tempio Vaticano e la Sua Origine": Section of the Constantinian Basilica
Aguafuerte del trabajo "Il Tempio Vaticano e la Sua Origine": Sección de la Basílica Constantina.
Carlo Fontana (1634–1714); Engraving: Alessandro Specchi (1688–1729)
1694
Print on paper
23 ⅝ x 18 ⅛ x ¾ inches
The Reverenda Fabbrica of Saint Peter, Vatican City State

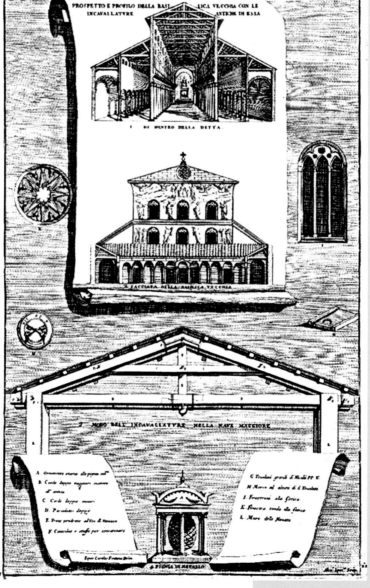

La cristiandad fue considerada una religión prohibida hasta el reinado del Emperador Constantino en el siglo 4 D.C.

Según la leyenda, Constantino, un oficial del ejército Romano, iba marchando hacia la capital en el año 312 D.C. cuando tuvo la visión de una cruz en llamas en el cielo adornada con las palabras "con este signo vencerás." Después de derrotar a Maxentio en la batalla del río Milvian, cerca a Roma, Constantino fue proclamado emperador. Con esta conversión a principios del siglo 4, el cristianismo fue aceptado en todo el imperio romano.

Se ha dicho que fue Constantino quien ordenó la construcción de los santuarios sobre las tumbas de Pedro y Pablo, e inició la construcción de tres de las que serían consideradas las cuatro basílicas mayores de Roma: San Juan de Letrán, San Pablo Afuera de las Murallas y San Pedro.

El estilo arquitectónico de las basílicas era romano. Sin embargo, a diferencia de los templos romanos, griegos y egipcios, los nuevos centros de adoración estaban abiertos a toda la congregación, no sólo los sacerdotes. Por primera vez, los cristianos

their faith in secret—the invisible was made visible.

The new Basilica was a massive building. It was divided into five aisles with Peter's tomb featured in front of the apse. To accommodate pilgrims, wings or "transepts" were built on either side of the tomb.

Peter's tomb was decorated with gold and silver lamps. A gold cross, a gift from Constantine and his mother Helena, was placed above the tomb. Over the centuries, altars rose above the tomb and monuments, chapels, oratories, and mausoleums were added throughout the building.

This section includes a model and etchings of Constantine's Basilica. A gold pin, also featured in this section, was found near Peter's tomb.

Male Head Found Below the Vatican Basilica Floor
Cabeza Masculina Encontrada Debajo del Piso de la Basílica Vaticana
1st century
Marble
5 ⅞ x 5 ½ x 7 ⅛ inches
The Reverenda Fabbrica of Saint Peter, Vatican City State

romanos no tenían que practicar su fe en secreto—lo invisible fue hecho visible—.

La nueva basílica era un edificio macizo. Estaba dividido en cinco naves, con la tumba de Pedro destacada en el ábside. Para acomodar a los peregrinos se construyeron anexos o naves transversal a ambos lados de la tumba.

La tumba de Pedro fue decorada con lámparas de oro y plata. Una cruz de oro, regalo de Constantino y su madre Helena, fue ubicada sobre la tumba. Con el pasar de los siglos se elevaron sobre la tumba una serie de altares y otros monumentos, capillas, oratorios y mausoleos fueron añadidos a lo largo de los muros.

Esta sección también incluye un modelo y aguafuertes de la basílica de Constantino. Un prendedor de oro, también incluido en esta sección, fue encontrado cerca a la tumba de Pedro.

Pin with Monogram of Christ
Sujetador con Monograma de Cristo
Modern reproduction of a 4th-century piece
Gold
2 ½ inches
The Reverenda Fabbrica of Saint Peter, Vatican City State

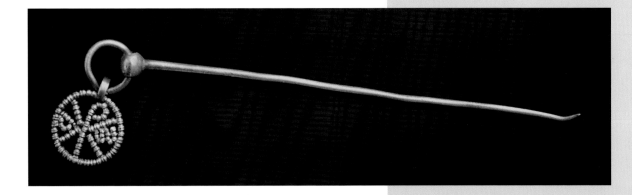

Etching from the Work "Architettura della Basilica di San Pietro in Vaticano. Opera di Bramante Lazzari, Michel'Angelo Bonarota, Carlo Maderni, e Altri Famosi Architetti": Atrium of the Saint Peter Basilica

Aguafuerte del Trabajo "Architettura della Basilica di San Pietro in Vaticano. Opera di Bramante Lazzari, Michel'Angelo Bonarota, Carlo Maderni, e Altri Famosi Architetti": Atrio de la Basílica de San Pedro.

Martino Ferrabosco (active 1616–1623)

1684

Print on paper

26 ¾ x 37 inches

The Reverenda Fabbrica of Saint Peter, Vatican City State

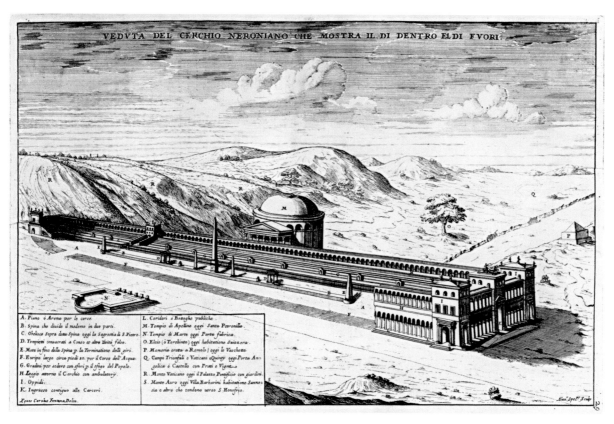

Etching from the Work "Il Tempio Vaticano e la Sua Origine": View of the Vatican Circus

Aguafuerte del Trabajo "Il Tempio Vaticano e la Sua Origine": Panorámica del Circo Vaticano

Carlo Fontana (1634–1714); Engraving: Alessandro Specchi (1688–1729)

1694

Print on paper

18 ⅛ x 23 ⅝ x ¾ inches

The Reverenda Fabbrica of Saint Peter, Vatican City State

Model of the Ancient Basilica

Modelo de la Antigua Basílica

This model shows the Ancient Basilica of Saint Peter's, also known as Constantine's Basilica. Built in the 4th century, it was located directly over the tomb where Peter was buried. Work on the church started during the reign of Constantine. Saint Sylvester (314–335), the pope at the time, oversaw the ambitious initial construction. Popes contributed to the completion of the Basilica until the papacy of Sixtus IV (1471–1484).

Over time, altars, chapels, and mausoleums were added, embellished by the leading artists of the day, including Giotto and Pietro Cavallini.

By the early 16th century, the Ancient Basilica had fallen into ruin and was demolished to make way for the Renaissance Basilica, the church that stands today in Saint Peter's Square.

Model of the Ancient Vatican Basilica: Octagon of Saint Jerome
Modelos de la Antigua Basílica Vaticana: Octágono de San Jerónimo
Professor Marcelliani
1920–1924
Terracotta
57 ½ x 38 ¼ x 19 ⅝ inches
The Reverenda Fabbrica of Saint Peter, Vatican City State

Este es un modelo de la antigua basílica de San Pedro, conocida también como la basílica de Constantino. Construida en el siglo 4, fue ubicada directamente sobre la tumba donde Pedro fue enterrado. Los trabajos en la iglesia se iniciaron durante el pontificado de Constantino. San Silvestre (315–335), el Papa en ese entonces, supervisó la ambiciosa construcción inicial. Varios Papas contribuyeron a la culminación de la basílica hasta el papado de Sixto IV (1471–1484).

Con el pasar del tiempo se adicionaron altares, capillas y mausoleos, embellecidos por los mejores artistas de la época como Giotto y Pietro Cavallini.

A principios del siglo 16, la Antigua basílica estaba en ruinas y fue demolida para abrirle espacio a la Basílica del Renacimiento, la iglesia que se encuentra hoy en la Plaza de San Pedro.

Tile from the Roof of Saint Mary Major Basilica

Archaeologists have found roofing tiles from the Ancient Basilica with the stamps of various popes including Alexander III (1159–1181), Innocent III (1198–1216), Nicholas V (1447–1455), and Alexander VI (1492–1503). These provide evidence of the constant restoration work carried out on the Basilica's roof.

This tile is one of a group of 66 from the roof of the Basilica of Saint Mary Major. Dated to 493–526, the tile shows the name of the manufacturer, Cassio, and the chi-rho, the first two letters of the Greek word for Christ.

Tejas del Techo de la Basílica Santa María la Mayor

Los arqueólogos han encontrado tejas del techo de la Antigua Basílica con los sellos de varios Papas incluyendo los de Alejandro III (1159–1181), Inocencio III (1198–1216), Nicolás V (1447–1455), y Alejandro VI (1492–1503). Estas ofrecen evidencia del permanente trabajo de restauración realizado en el techo de la basílica.

Esta teja pertenece a un grupo de 66 obtenidas del techo de la Basílica de Santa María la Mayor. Fechada de 493 a 526, la teja muestra el nombre del fabricante, Cassio y el crismón, las primeras dos letras de la palabra griega usada para Cristo.

DETAIL/DETALLE

Tile from the Roof of Saint Mary Major Basilica
Teja del Techo de la Basílica de Santa María la Mayor
Cassio Brickworks
493–526 A.D.
Terracotta
21 ⅝ x 15 ¾ inches
Basilica of Saint Mary Major

The Rise of Christian Rome

El Ascenso de la Roma Cristiana

In 330 A.D., Constantine founded the city of Constantinople close to the site of the Greek colonial town of Byzantium. He moved the capital of the Roman empire to this new city on the Bosporus in modern-day Turkey. At the same time, Rome became a Christian city with a Christian culture fostered by the newly powerful papacy. Saint Peter's Tomb—now within the Ancient Basilica—continued to be a place of pilgrimage. The Basilica itself provided a new, blank canvas on which artists could tell the story of Christianity.

Throughout the history of the Church, there has been a direct correspondence between high points of Christian art and architecture and periods of strong papal patronage. Rome flourished under the patronage of popes who brought to the Vatican the great Byzantine artists and their masterworks. The magnificence of medieval Rome that we know today was the culmination of centuries of Christian culture, expressed through architecture, scholarship, literature, and art.

One of the most important papal patrons of the arts during this period was Pope John VII (705–707). John was open to Byzantine thought and styles. Byzantine paintings emphasized stylized figures based on Christian themes and executed in rich colors and an architectural style that included round arches, domes, and mosaics.

Another notable papal patron was Boniface VIII (1294–1303). Boniface became a key figure in the

Pope Boniface VIII
(1294–1303)
Papa Bonifacio VIII (1294–1303)
Arnolfo di Cambio (1240–1302)
Late 13th or early 14th century
Cast: 2005
Marble
50 ⅜ x 35 ⅜ x 13 ¾ inches
The Reverenda Fabbrica
of Saint Peter, Vatican
City State

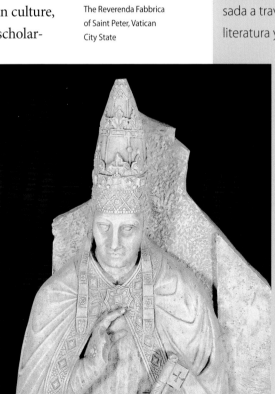

En 330 D.C., Constantino fundó la ciudad de Constantinopla, cerca a la población Bizancio en la colonia griega. Mudó la capital del imperio romano a esta ciudad en el Bósforo en donde hoy queda Turquía. Al mismo tiempo, Roma se convirtió en una ciudad donde la cultura cristiana era respaldada por el nuevo y poderoso papado. La tumba de San Pedro—ahora dentro de la antigua basílica—siguió siendo destino de peregrinajes. La basílica misma proporcionó un lienzo nuevo y limpio sobre el cual los artistas contarían la historia de la cristiandad.

A lo largo de la historia de la Iglesia ha existido una directa relación entre los puntos más interesantes del arte y arquitectura cristianos, y períodos de sólido patrocinio papal. Roma floreció con el patrocinio de los Papas quienes trajeron al Vaticano los mejores artistas y maestros de Bizancio. La magnificencia de la Roma medieval que hoy conocemos fue la culminación de siglos de cultura cristiana expresada a través de la arquitectura, el estudio, la literatura y el arte.

Uno de los patrocinadores artísticos más importantes de este período fue el Papa Juan VII (705–707). Juan estaba abierto a los estilos y formas de pensar de Bizancio. Las pinturas bizantinas resaltaban figuras estilizadas inspiradas en temas cristianos y llevadas a cabo con ricos colores, especialmente con trasfondos de oro y un estilo arquitectónico que incluía arcos de medio punto, domos y mosaicos.

Otro notorio patrocinador fue el Papa Bonifacio VIII (1294–1303). Bonifacio se convirtió en una figura fundamental en el desarrollo del

development of the Renaissance, bringing Giotto and the sculptor Arnolfo di Cambio to Rome. Both were from Florence and considered among the greatest artists of their day. In the first Jubilee Year, which he declared in 1300, more than 200,000 pilgrims flocked to Rome and Boniface ordered all of the city's major churches to be restored and refurbished.

This section contains objects from the Ancient Basilica of Saint Peter's, including mosaic work from Giotto's famous Navicella and from the Oratory of John VII. Also included are a number of sacred relics and fine examples of Byzantine painting.

Renacimiento al traer a Roma a Giotto y al escultor Arnolfo di Cambio. Los dos eran de Florencia y se contaban entre los mejores artistas de la época. Durante el primer Año Santo (o Jubileo), que él mismo declarara en 1300, más de 200 mil peregrinos fueron en masa a Roma. Bonifacio ordenó que todas las iglesias más importantes de la ciudad fueran restauradas y renovadas.

Esta sección contiene objetos de la antigua basílica de San pedro, incluyendo el famoso trabajo en mosaico de Giotto, la Navicella y otro del oratorio de Juan VII. También pueden apreciarse algunas reliquias sagradas y refinado ejemplos de pintura bizantina.

Christ Pantocrator (Universal Ruler) and Saints Peter and Paul
Pantocrátor de Cristo (Soberano Universal) y los Santos Pedro y Pablo
Cretan School
Late 14th century
Tempera on cypress wood
48 ⅜ x 48 ⅜ inches
Congregation for the Evangelization of Peoples, Vatican City State

Model of the Arnolfo di Cambio Statue, Representing
Saint Peter Enthroned
*Modelo de la Estatua de Arnolfo di Cambio Representando a San
Pedro Elevado al Trono*
Statue: bronze; Throne: marble
19 ⅝ x 12 x 12 inches
Congregation for the Evangelization of Peoples, Vatican City State

Saint Peter's Head from the Marble Statue Kept in the Vatican Grottoes
La Cabeza de San Pedro Tomada de la Estatua de Mármol Conservada en las Grutas del Vaticano
Attributed to Arnolfo di Cambio
Cast: 20th Century
Resin
15 ¾ x 11 ¾ x 7 ⅞ inches
The Reverenda Fabbrica of Saint Peter, Vatican City State

Saint John the Baptist
San Juan el Bautista
Marcantonio Aquili (1465–1521)
1515
Tempera on wood
62 ¼ x 17 ⅜ inches
Congregation for the Evangelization
of Peoples, Vatican City State

Saint Anthony of Padua
San Antonio de Padua
Marcantonio Aquili (1465–1521)
Borgia collection, 1515
Tempera on wood
62 ¼ x 17 ⅜ inches
Congregation for the Evangelization
of Peoples, Vatican City State

Bust of an Angel

Busto de un Ángel

This is a fragment of the "Navicella di Giotto" (Boat of Giotto), one of the most famous works of medieval art. The large, intricate mosaic from Saint Peter's was originally commissioned for the Ancient Basilica from Giotto, the greatest European painter of the early 14th century who was regarded by many, including Michelangelo and Leonardo, as the founding father of Renaissance painting.

The whole mosaic shows the episode from the New Testament in which the apostles are crossing a stormy sea in a boat, symbolizing the Church. Jesus, who is walking on the water, calls Peter over. Peter looks away from Jesus and starts to sink. Jesus stretches out his hand to rescue him.

Bust of an Angel
Busto de un Ángel
Giotto di Bondone (~1267–1337)
After 1304
Polychrome mosaic
36 ¼ x 38 ⅝ x 2 ½ inches
The Reverenda Fabbrica
of Saint Peter, Vatican
City State

Este es un fragmento de la "Navicella di Giotto" (el Bote de Giotto), una de las obras más famosas del arte medieval. El extenso y complejo mosaico de San Pedro fue encomendado originalmente para la Antigua Basílica a Giotto, el pintor europeo más reconocido de la Europa del siglo 14, y considerado por muchos, incluso Miguel Ángel y Leonardo, como el padre fundador de la pintura del Renacimiento.

El mosaico completo representa el pasaje del Nuevo Testamento en el cual los apóstoles cruzan un mar tormentoso, simbolizando a la Iglesia. Jesús, quien camina sobre las aguas, llama a Pedro. Pedro no mira a Jesús y empieza a hundirse. Jesús tiende su mano para rescatarlo.

Reliquary and the Cathedra of Saint Peter

Relicario y la Cátedra de San Pedro

The word "reliquiae" means "that which remains." It refers to parts of the body or objects belonging to people considered to be saints and worthy of veneration. Relics, physical remains associated with a holy person, are prized as an authentic and miraculous connection to the sacred. Like icons, they were carried through the streets in medieval processions. And, also like icons, relics act as aids to prayer that bring believers close to divine mysteries.

Whether from the Byzantine East or the Latin West, icons and relics are believed to be imbued with holiness and to be more than the work of human hands.

The gold and silver reliquary contains ancient bones that for centuries have been believed to belong to Saint Peter, Saint Paul, and several other saints. These relics have long been the object of great devotion.

The *cathedra* of Saint Peter (page 64)—the Teacher's Chair—is a copy of the original 9th-century chair. Gian Lorenzo Bernini, the great architect of Baroque Rome, incorporated the original chair into his monumental apse in Saint Peter's Basilica. Since the 12th century, the *cathedra* has been venerated as the chair from which Saint Peter taught and is considered to be invested with his power. It now symbolizes the teaching authority of the Church.

La palabra "reliquiae" significa "aquello que permanece." Se refiere a partes del cuerpo u objetos que pertenecieron a personas consideradas santas y dignas de adoración. Las reliquias, son despojos físicos asociados con una persona santa y son apreciados como una auténtica y milagrosa conexión con lo sagrado. Al igual que las representaciones, fueron llevadas por las calles en procesiones medievales. Y también como las representaciones, a través de su contacto directo con la santidad, las reliquias hacen las veces de ayuda con aquellas oraciones que acercan a los creyentes a los divinos misterios.

Tanto en el oriente Bizantino, como en el Latino occidental, las representaciones y las reliquias se consideran impregnadas de santidad y aún más que el simple trabajo de la mano humana.

El relicario de oro y plata contiene antiguos huesos que por siglos se ha creído pertenecen a San Pedro, San Pablo y muchos otros santos. Por mucho tiempo estas reliquias han sido objeto de gran devoción.

La *cathedra* (o silla magisterial página 64)—la silla del maestro—es una copia de la silla original del siglo 19. Gian Lorenzo Bernini el gran arquitecto del barroco romano incorporó la silla original al monumento en el ábside de la basílica de San Pedro. Desde el siglo 12, la silla ministerial o *cathedra* ha sido venerada como la silla desde donde San Pedro enseñó y se considera que está investida con su autoridad. Ahora simboliza la autoridad de adoctrinamiento de la Iglesia.

Reliquary of Saints Peter, Paul, Anne, Joseph and Others
Relicario con los Santos Pedro, Pablo, Ana, José y Otros
Gold and silver metal
9 x 6 ⅛ x 1 ⅛ inches
Congregation for the Evangelization of Peoples, Vatican City State

Old Cathedra of Saint Peter

La Vieja Cátedra de San Pedro

Original: 9th century; Copy: 1974

Oak

55 ⅛ x 33 ½ x 25 ⅝ inches

The Revereda Fabbrica of Saint Peter, Vatican City State

MOSAIC FROM THE ORATORY OF JOHN VII

This early 8th-century mosaic is from the oratory, or small chapel, that John VII (705–707) built in the Ancient Basilica. The chapel, decorated in Byzantine style, was dedicated to the Virgin Mary. When John VII died, he was buried here.

In this mosaic Peter appears in the iconography used to represent him from earliest times: white hair and beard, hand raised in blessing, his three upright fingers symbolizing the Trinity.

MOSAICO DEL ORATORIO DE JUAN VII

Este mosaico de principios del siglo 8 forma parte del oratorio, o pequeña capilla, que Juan VII (705–707) mandó construir en la Antigua Basílica. La capilla, decorada al estilo bizantino, fue dedicada a la virgen María. Cuando murió, Juan VII fue enterrado allí.

En este mosaico Pedro aparece de la manera icnográfica usada para representarlo como era desde los inicios: pelo y barba blancos, mano levantada en acción de bendecir, sus tres dedos levantados simbolizan la Trinidad.

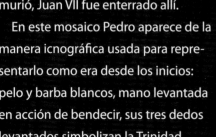

Mosaic from the Oratory of Pope John VII
Mosaico del Oratorio del Papa Juan VII
8th century
Mosaic
25 ⅝ x 29 ½ x 3 ⅞ inches
The Reverenda Fabbrica of Saint Peter, Vatican City State

The Early Renaissance

Inicios del Renacimiento

The papacy moved to Avignon, France, in 1309 and stayed there until 1377 when Pope Gregory XI (1370–1378) returned to Rome. By the late 1400s, Romans were fascinated by Ancient Rome and fully under the influence of humanism and its idealization of the classical world.

Christian artists in 4th century Rome had mimicked their non-Christian contemporaries. The architects, philosophers, and artists of the late 15th century used the same ancient Roman art to forge a completely new path. They looked back to classical antiquity for influence, inspiration, and authority and used what they discovered to establish an exciting, innovative style that created harmony between Christian and non-Christian images.

This period is known as the Renaissance, and the art it produced was an unambiguous celebration of Christian thought.

By the middle of the 15th century, the Ancient Basilica was in a state of extreme disrepair. Its walls and columns listed alarmingly and its roof was in danger of collapse. Nicholas V (1447–1455) first suggested demolishing the building and constructing a new church.

Deposition from the Cross
Descenso de la Cruz
Federico Fiori (known as Il Barocci) (1528–1612)
16th–17th century
Oil on copper
25 ¼ x 20 ⅛ x 1 ¾ inches
Private Collection, Vatican City State

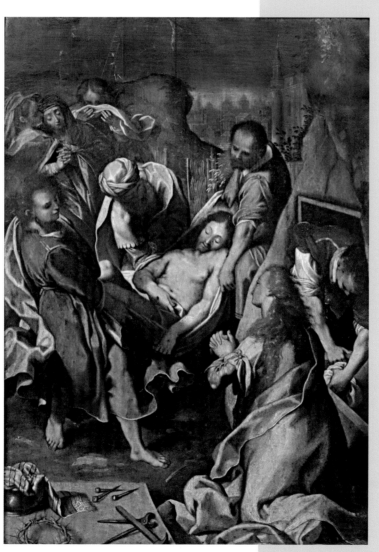

El papado se mudó a Aviñón, Francia, en 1309 y se quedó allá hasta 1377 cuando el Papa Gregorio VI (1370–1378) lo regresó a Roma. A finales de 1400, los romanos estaban no sólo fascinados con la Antigua Roma sino además bajo la fuerte influencia del humanismo y su idealización del mundo clásico.

Los artistas cristianos de la Roma del siglo 4 imitaban a sus contemporáneos no-cristianos. Los arquitectos, filósofos y artistas de finales del siglo 15 usaron el mismo arte de la antigua Roma para forjar un camino completamente nuevo. Buscaron influencia, inspiración y autoridad en la antigüedad clásica y usaron lo que encontraron para establecer un estilo excitante e innovador que permitiera la armonía entre las imágenes cristianas y no cristianas.

Este período es conocido como Renacimiento, y el arte que generó fue una incontrovertible celebración del pensamiento cristiano.

A mediados del siglo 15, la Antigua Basílica se encontraba en un estado de extremo deterioro. Sus muros y columnas eran inestables y el techo estaba a punto de derrumbarse. Nicolás V (1447–1455) sugirió inicialmente que el edificio fuera demolido para construir una nueva iglesia.

Para muchos, la idea de destruir la vieja basílica era un sacrilegio. San

To many, the idea of destroying the old Basilica was sacrilegious. Saint Peter's symbolized the continuity and resilience of the Church. The bones of Saint Peter and those of many saints and early martyrs were buried there—the ground was considered sacred. Pilgrims came to Rome from all over the Christian world to visit this most famous holy site of its day.

Among the outstanding works in this section is a cast of a panel from the huge bronze doors designed by the Florentine sculptor Filarete for the Ancient Basilica. These doors were transferred to the new Basilica, creating a physical link between the two churches.

Pedro simbolizaba la continuidad y resistencia de la Iglesia. Los huesos de San Pedro y los de muchos santos y mártires estaban enterrados allí, así que el terreno era considerado sagrado. Peregrinos venían a Roma de todo el mundo cristiano para visitar el sitio sagrado más famoso de la época.

Entre los trabajos sobresalientes de esta sección, se encuentra el panel de las dos inmensas puertas de bronce para la Antiqua Basílica diseñadas por el escultor florentino Filarete. Estas puertas fueron transferidas a la nueva basílica para crear un vínculo físico entre las dos iglesias.

Right Leaf (External Side),
Lower Panel of the Filarete
Door (Saint Peter's Basilica)
Lámina Derecha (Lado Exterior),
Panel Inferior de la Puerta de
Filarete (Basílica de San Pedro)
Original: 15th century;
Cast: 21st century
Burnished resin
46 ⅛ x 44 ⅞ x 2 inches
The Reverenda Fabbrica
of Saint Peter, Vatican
City State

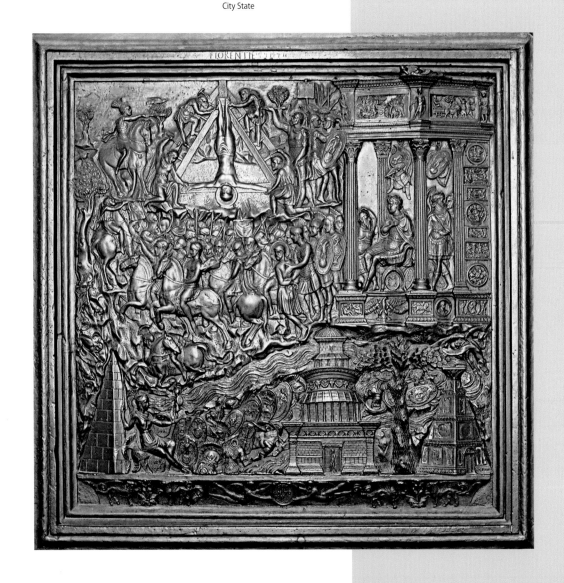

Saint George
San Jorge
17th–18th century
Oil on canvas
56 ¼ x 45 ¼ inches
Congregation for the Evangelization of Peoples, Vatican City State

Saint Sebastian Attended
by Irene
San Sebastián Atendido por Irene
Roman classicist
17th century
77 ⅛ x 103 ½ inches
Congregation for the Evangelization of Peoples, Vatican City State

The Holy Family with Two Angels
La Sagrada Familia con Dos Ángeles
Bologna, Italy
16th century
Oil on canvas
17 ⅛ x 15 inches
Congregation for the Evangelization of Peoples,
Vatican City State

Adoration of the Shepherds
Adoración de los Pastores
Viviano Codazzi (1604–1670) and collaborator (Filippo Lauri)
About 1650
Oil on canvas
57 ⅛ x 78 ¾ inches
Congregation for the Evangelization of Peoples, Vatican City State

DEPOSITION IN THE SEPULCHER

Giorgio Vasari (1511–1574) is known today for *The Lives of the Artists*, an encyclopedia of biographical sketches of the leading painters, sculptors, and architects of the Italian Renaissance. But Vasari was also an important architect and painter in his own right.

In this painting, Vasari shows Saint John lowering the lifeless body of Jesus into his tomb. John is accompanied by Mary, the mother of Jesus, and Mary Magdalene. Vasari also places a pope in the scene, a common device at the time. The religious figure serves as an example to viewers. He invites them to meditate on the meaning of this familiar Biblical story.

EL DESCENSO AL SEPULCRO

Giorgio Vasari (1511–1574) es reconocido hoy día por ser el autor de *Las Vidas de los Artistas*, una enciclopedia con bocetos biográficos de los pintores, escultores y arquitectos más representativos del Renacimiento. El mismo Vasari, sin embargo, fue también un importante arquitecto y pintor.

En esta pintura, Vasari muestra a San Juan bajando el cuerpo sin vida de Jesús a su tumba. Juan está con Maria, la madre de Jesús y María Magdalena. Vasari también ubica al Papa en la escena, algo de uso común en ese entonces. La figura religiosa sirve como ejemplo para los observadores. Les invita a meditar acerca del significado de esta popular historia bíblica.

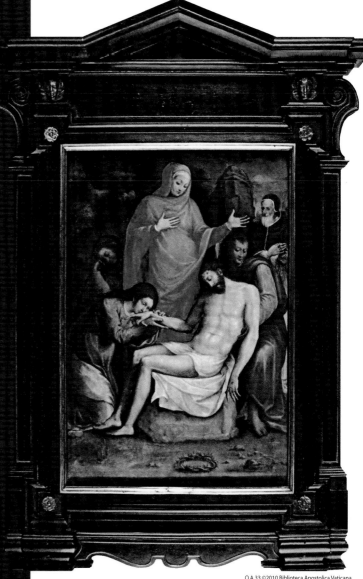

O.A.33 ©2010 Biblioteca Apostolica Vaticana

The Deposition in the Sepulcher
El Descenso al Sepulcro
Giorgio Vasari
16th century
Oil on copper
18 ⅞ x 13 ¼ x 2 ¾ inches
Vatican Library, Vatican City State

Marble Reliefs from the Ciborium of Sixtus IV

Relieves de Mármol del Ciborio de Sixto IV

These dramatic marble reliefs are from the Ciborium of Pope Sixtus IV (1471–1484). In the 15th century, this decorative canopy, or *baldacchino*, covered the main altar on the western side of the Ancient Basilica, over the tomb of Saint Peter. The 6-meter-high (19-foot-high) structure was also a reliquary of a type that was particularly popular in Rome in the 12th and 13th centuries.

One panel depicts the martyrdom of Saint Peter, shown according to the traditional story, crucified upside down. On either side of the apostle are the witnesses to his death—men, women, and soldiers, as well as two small children.

The second relief shows the martyrdom of Saint Paul. To the left of the scene, we see Paul being restrained by Roman soldiers. In the center, he kneels in prayer as a centurion prepares to strike the decapitating blow. To the right, the Emperor Nero pronounces the apostle's death sentence.

Both reliefs are impressive examples of the humanist style of the Renaissance. They combine themes from early Christianity with a new individuality of facial expression, classically proportioned figures, and depth of perspective.

The reliefs are attributed to Paolo Romano, a well-known sculptor of funeral monuments.

Estos dramáticos relieves de mármol pertenecen al ciborio del Papa Sixto IV (1471–1484). En el siglo 15, esta estructura decorativa o *baldacchino* cubría el altar principal en el lado occidental de la antigua basílica, sobre la tumba de San Pedro. La estructura de 6 metros (19 pies) de alto era también un relicario del tipo que era muy popular en la Roma de los siglos 12 y 13.

Uno de los paneles representa el martirio de San Pedro, mostrándolo crucificado boca cabeza abajo. A ambos lados del apóstol están los testigos de su muerte—hombres, mujeres y soldados, así como dos niños pequeños.

El segundo relieve muestra el martirio de San Pablo. A la izquierda de la escena, vemos a Pablo sujetado por soldados romanos. En el centro, Pablo se arrodilla en oración mientras un centurión se prepara para asestar el golpe de la decapitación. A la derecha, el Emperador Nerón pronuncia la sentencia de muerte del apóstol.

Ambos relieves representan magníficos ejemplos del estilo humanista del Renacimiento. Combinan elementos de inicios de la cristiandad con la individualidad de nuevas expresiones faciales, figuras proporcionadas a la manera clásica, y profundidad o perspectiva.

Los relieves son atribuidos a Paolo Romano, un reconocido escultor de monumentos funerarios.

The Crucifixion of Saint Peter from the Ciborium of Sixtus IV (1471–1484)
De la Crucifixión de San Pedro Perteneciente al Ciborio de Sixto IV (1471–1484)
Paolo Romano (~1415–1470) and workshop
Original: 15th century; Cast: 2002
Resin and marble powder
47 ⅝ x 89 x 4 ½ inches
The Reverenda Fabbrica of Saint Peter, Vatican City State

Martyrdom of Saint Paul from the Ciborium of Sixtus IV (1471–1484)
Martirio de San Pablo Perteneciente al Ciborio de Sixto IV (1471–1484)
Paolo Romano (~1415–1470) and workshop
Original: 15th century; Cast: 2002
Resin and marble powder
47 ⅝ x 104 ¾ x 4 ½ inches
The Reverenda Fabbrica of Saint Peter, Vatican City State

Michelangelo and Pope Julius II

Miguel Ángel y el Papa Julio II

Determined to build a contemporary Christian Rome to rival the glory of its classical past, Pope Julius II (1503–1513) named himself after Julius Caesar. Nicknamed Julius *Il Terribile* (the Awesome), he was headstrong, hot-tempered, extravagantly ambitious, and so passionate about art that he was willing to go to war to raise money to fund it. Despite being 60 years old when he assumed the papacy, Julius had extraordinary energy. Remembered as one of the great papal patrons, he left the Church on a strong financial footing and with a priceless legacy of sacred art.

In 1508, Julius II commissioned Michelangelo Buonarroti to work for the Vatican. At 33, Michelangelo was already the most famous artist of his day. His sculptures *David* and the *Pietà*, both completed when he was in his 20s, were universally regarded as masterpieces. Often described as the greatest artist of the Renaissance, the devout Michelangelo was as headstrong as Julius and, in his own way, just as ambitious.

Michelangelo can be considered the symbolic figure of the Renaissance. A painter, sculptor, architect, and scholar, even in his lifetime, he was considered the supreme genius of Western art, superior even to the ancients.

After seeing the *Pietà*, Julius commissioned Michelangelo to create his tomb, a project that occupied much of the last period of the artist's life. The fiery relationship between Michelangelo and his greatest sponsor produced one of the supreme works of Western art—the ceiling of the Sistine Chapel.

Decidido a construir una Roma cristiana contemporánea que compitiera con la gloria de su pasado clásico, el Papa Julio II (1503–1513) tomó incluso su nombre del emperador Julio César. Apodado Julio II *Terribile* (el terrible), era intransigente, irascible, extravagantemente ambicioso y, tan apasionado por el arte, que estaba dispuesto a irse a la guerra para conseguir el dinero para adquirirlo. A pesar de tener 60 años cuando asumió el papado, Julio tenía una extraordinaria energía. Recordado como uno de los grandes patrocinadores papales, Julio dejó a la iglesia una fuerte base financiera y con un inestimable legado de arte sagrado.

En 1508, Julio II encargó a Miguel Ángel Buonarroti trabajar para el Vaticano. A los 33 años, Miguel Ángel era ya el artista más famoso de su época. Sus esculturas *David* y la *Pietà*, las dos terminadas cuando tenía 20 años, fueron universalmente estimadas como obras maestras. A menudo considerado el más importante artista del renacimiento, el devoto Miguel Ángel era tan obstinado y entregado a los detalles como Julio e, igual de ambicioso, pero a su manera.

Miguel Ángel puede considerarse la figura simbólica del Renacimiento. Pintor, escultor, arquitecto y académico, aún en su época era considerado el genio absoluto del arte occidental, superior incluso a los antiguos maestros.

Después de ver la *Pietà*, Julio encargó a Miguel Ángel la creación de su tumba, un proyecto que ocupó la mayoría de la última parte de la vida del artista. La explosiva relación de Miguel Ángel con uno de sus protectores más importantes, dio origen a una de las obras de arte más importantes del arte occidental–el techo de la Capilla Sixtina.

Pietà

Completed in 1499 when Michelangelo was only 24 years old, this *Pietà* is one of the artist's greatest achievements. Mary, young and beautiful, is portrayed as the same age as her son. In Christian tradition, because she lives free of sin, Mary shows no sign of growing old.

Writing in *The Lives of the Artists*, Vasari declared:

> In this statue all of the worth and power of sculpture is revealed.... It is a miracle that a stone, formless in the beginning, could ever have been brought to the state of perfection which Nature habitually struggles to create in the flesh.

The *Pietà* is also Michelangelo's only signed work. On the strap across Mary's breast he has written "MICHELAN-GELVS BONAROTUS.FECIT." According-ing to Vasari, Michelangelo, still not a well-known figure, was standing among the crowd admiring his masterpiece and heard it attributed to other sculptors. That night, he returned to the completed sculpture to carve his name.

In 1972, a man shouting "I am Jesus" attacked the statue with a hammer, severely damaging Mary's face and arm. The restoration—undertaken at the Vatican—was greatly aided by the existence of a perfect copy made in 1930, the copy from which this cast was produced in 1975.

Pietà

Terminada en 1499 cuando Miguel Ángel apenas tenía 24 años de edad, esta *Pietà* es uno de los más grandes logros del artista. María, joven y bella, es plasmada de la misma edad de su hijo. En la tradición cristiana, debido a que María vive libre de pecado, no muestra signos de envejecimiento.

Como escribiera Vasari en *La Vida de los Artistas*:

> En esta estatua se revela todo lo valioso y poderoso de la escultura... Es un milagro que una piedra, al principio sin forma alguna, haya podido llegar a un estado de perfección que la misma naturaleza a duras penas logra al crear en la carne.

La *Pietà* es además el único trabajo que firmó. En la cinta a lo largo del pecho de María escribió "MICHELANGELVS BONAROTUS.FECIT." Según Vasari, Miguel Ángel, quien aún no era muy conocido, estaba entre un grupo de personas que admiraban su obra maestra y se la atribuían a otros escultores. Esa noche regresó a la escultura terminada y talló su nombre.

En 1972, mientras gritaba "soy Jesús", un hombre atacó la estatua con un martillo hasta dañar severamente el rostro de María y el brazo. La restauración, emprendida por el Vaticano, contó con la gran ayuda de una copia perfecta realizada en 1930, una copia de la cual se realizó otro molde en 1975.

Pietà
Pietà
Michelangelo Buonarroti (1475–1564)
Cast 1975 from 1930 copy from original 1499
Plaster, marble powder
68 ⅞ x 74 x 29 ½ inches
Private Collection, Vatican City State

Pietà

One of Michelangelo's last works, this powerful relief was well known at the time. It was based on two drawings Michelangelo presented to his close friend Vittoria Colonna. Born in 1492, this noblewoman was one of the leading intellectuals of the Italian Renaissance, admired for her poetry as well as her piety. Her friendship with Michelangelo began in 1536 and lasted until her death in 1547. The two spent long hours in conversation in the garden of the Church of San Silvestro al Quirinale.

As well as presenting her with his drawings, Michelangelo wrote some 40 poems to Vittoria Colonna. This one reveals the intensity of their friendship:

> *Just as, by taking away, lady, one puts*
> *into hard and alpine stone*
> *a figure that's alive*
> *and that grows larger wherever the stone decreases,*
> *so too are any good deeds*
> *of the soul that still trembles*
> *concealed by the excess mass of its own flesh,*
> *which forms a husk that's coarse and crude and*
>   *hard.*
> *You alone can still take them out*
> *from within my outer shell,*
> *for I haven't the will or strength within myself.*

(Translated by James Saslow)

Meditation on the death of Jesus, expressed in the theme of the *Pietà*, inspired the great masterpiece of Michelangelo's youth and returned to dominate the last years of his life.

Pietà

Uno de los últimos trabajos de Miguel Ángel fue este poderoso relieve, muy conocido en su época. Está basado en dos dibujos que presentara Miguel Ángel a su amiga cercana Vittoria Colonna. Nacida en 1492, esta mujer de la nobleza fue una de las líderes intelectuales del Renacimiento italiano en Roma y admirada por su poesía, así como su piedad. Su amistad con Miguel Ángel empezó en 1536 y duró hasta que ella murió en 1547. Los dos acostumbraban pasar largas horas conversando en el jardín de la iglesia de San Silvestro al Quirinale.

Además de obsequiarle sus dibujos, Miguel Ángel le escribió al menos 40 poemas a Vittoria Colonna. Algunos, como este, revelan la intensidad de su amistad.

> *Así como, al retirarla, dama, logra uno convertir*
> *una recia piedra alpina en*
> *una figura que está viva*
> *y que crece allí donde la piedra disminuye,*
> *de la misma manera son las buenas obras*
> *del alma que aún se estremece*
> *escondida por la masa excesiva de su propia carne,*
> *en forma de una cáscara que es tosca, cruda y dura.*
> *Tú sola puedes aun hacerla salir*
> *desde adentro de mi concha exterior,*
> *pues no tengo en mi la voluntad o el poder para hacerlo*

(traducida al inglés por James Saslow)

La meditación sobre la muerte de Jesús, expresada en el tema de la *Pietà*, inspiró la gran obra maestra concebida durante la juventud de Miguel Ángel y que regresó a dominar los últimos años de su vida.

Pietà
Pietà
Michelangelo Buonarroti (1475–1564)
16th century
Marble
13 ¾ x 13 ⅜ x 3 ½ inches
Vatican Library, Vatican City State

RIGHT:
Michelangelo, detail from a painting by Giorgio Vasari
Miguel Ángel, detalle de una pintura de Giorgio Vasari

BELOW:
Interior of the Sistine Chapel before the Renovation of 1508
Interior de la Capilla Sixtina antes de la Renovación de 1508

FACING PAGE:
Sistine Chapel ceiling showing Michelangelo's frescoes
Techo de Capilla Sixtina con los frescos de Miguel Ángel

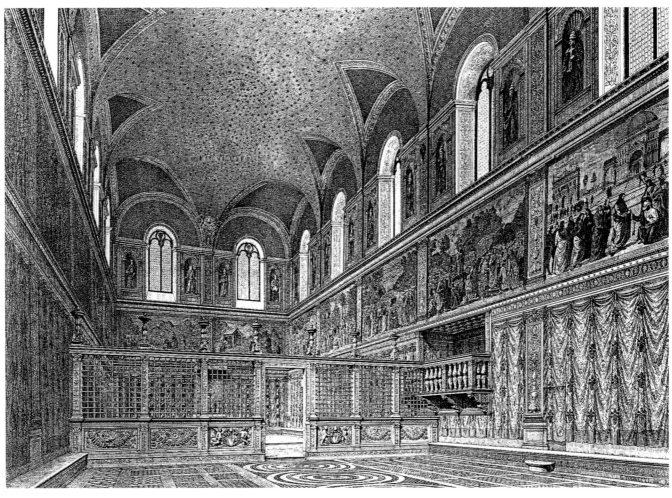

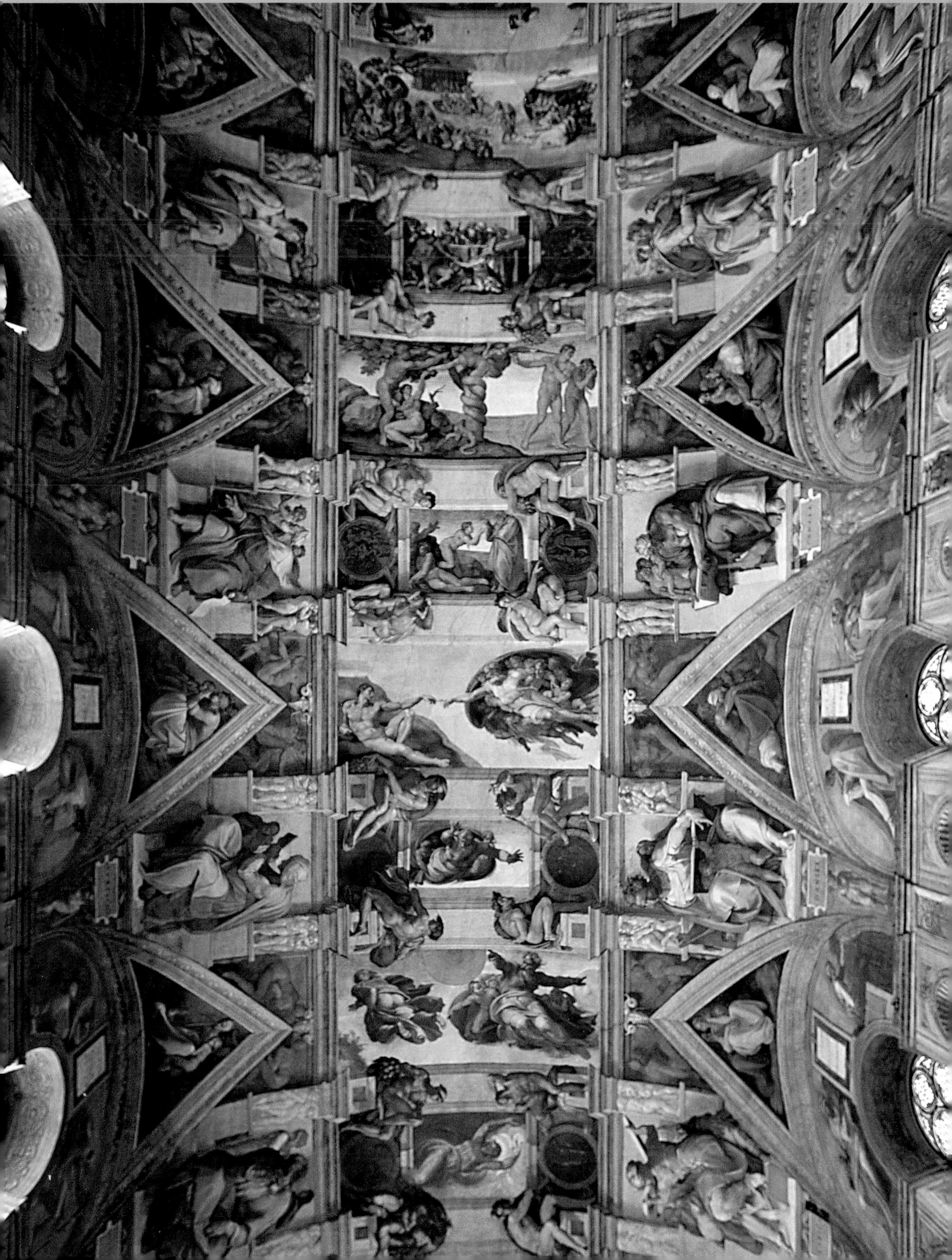

Michelangelo and Pope Julius II/Miguel Ángel y el Papa Julio II

Sistine Chapel

La Capilla Sixtina

In 1508, Julius II asked Michelangelo to paint the ceiling of the Sistine Chapel. Construction had started 30 years earlier in the reign of Pope Sixtus IV (1471–1484). Sixtus commissioned leading artists, including Botticelli, Ghirlandaio, Perugino, Signorelli, and Rosselli, to paint the interior with frescoes depicting Biblical stories. The ceiling, however, was decorated only with a vast starry night.

Michelangelo initially turned down Julius' request because he was determined instead to create the pope's tomb. But Julius prevailed, and with great reluctance, Michelangelo accepted the commission.

In 16th-century Italy, the fresco was considered one of the highest arts, in large part because it was so difficult to master. The word fresco means "fresh"—fresco artists always worked on fresh, wet plaster and could paint only a limited area at a time. As the plaster dried, the pigment became fixed into the surface. Michelangelo was a sculptor with little fresco experience—a fact that makes his dazzling creation even more amazing.

Julius was eager to see the work completed before he died. Vasari tells the story of the pope impatiently asking Michelangelo when the ceiling would be finished. Perched on his scaffold 60 feet above the floor, the artist replied: "When I can!"

En 1508, Julio II le pidió a Miguel Ángel que pintara el techo de la Capilla Sixtina. La construcción de la capilla había empezado 30 años antes, durante el papado de Sixto IV (1471–1484). Sixto le encargó a los artistas más destacados de la época, incluyendo a Botticelli, Ghirlandaio, Perugino, Signorelli y Rosselli, pintar el interior con frescos representando historias bíblicas. El techo, no obstante, sólo estaba decorado con un amplio cielo estrellado.

Miguel Ángel inicialmente declinó la solicitud del Papa porque estaba decidido a crear la tumba del Papa. Sin embargo Julio impuso su voluntad y Miguel Ángel, aunque con gran resistencia, aceptó eventualmente el encargo.

En la Italia del siglo 16 la pintura al fresco era considerada una de las artes más elevadas, en parte porque era muy difícil de perfeccionar. La palabra "fresco" significa que los artistas siempre debían trabajar sobre emplastes frescos y húmedos, y sólo era posible pintar un área limitada a la vez. Cuando se secaba el emplaste, el pigmento quedaba firme sobre la superficie. Miguel Ángel era un escultor con poca experiencia en la técnica del fresco–un dato que hace aún más deslumbrante su creación.

Julio estaba ansioso por ver el trabajo terminado antes de su muerte. Vasari cuenta que el Papa le preguntaba con impaciencia a Miguel Ángel cuando estaría terminado el techo. Encaramado en el andamio 60 pies sobre el suelo, el artista contestó: "¡cuando pueda!"

Pope Julius II (1503–1513) by Horace Vernet
Papa Julio II (1503–1513) de Horace Vernet

The Renaissance Basilica

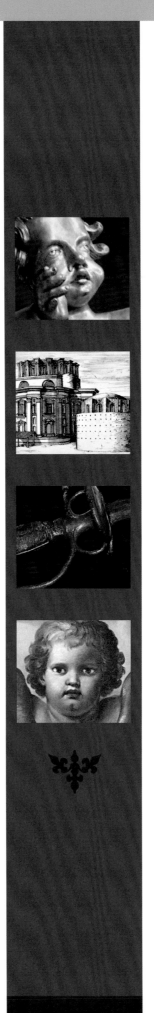

La Basílica del Renacimiento

In 1506, Julius II (1503–1513) authorized the construction of a new Basilica of Saint Peter's on the site of the Ancient Basilica. On April 18, he descended a wobbly rope ladder into one of the foundation ditches to lay the first cornerstone, beginning a project that would take 126 years—and span 21 papacies.

Julius hired the best artists he could find, including Donato Bramante as architect. He also reestablished the tradition of popes as patrons of the arts. His vision for the new church remains one of the boldest experiments in religious architecture ever conceived. In commissioning Bramante, Julius told him to "surpass all the other churches in magnificence and grandeur."

The new Saint Peter's was finally consecrated in 1626 by Urban VIII (1623–1644). According to legend, this was exactly 1,300 years to the day since the Ancient Basilica was consecrated by Saint Sylvester I. With a final facade that soared 167 feet and stretched across 375 feet, the new Basilica covered more than five acres—the largest church in the world for over 400 years.

Bringing the Renaissance Basilica to completion took intense collaboration among visionary popes, including Julius II, Paul III

Coat of Arms of the Saint Peter Fabbrica
Escudo Heráldico de la Fabbrica de San Pedro
16th century
Marble
20 ⅞ x 18 ⅞ x 3 ⅛ inches
The Reverenda Fabbrica of Saint Peter, Vatican City State

En 1506, Julio autorizó la construcción de una nueva Basílica de San Pedro en el lugar de la antigua basílica. El 18 de abril descendió por una inestable escalera de soga hasta una de las zanjas de las fundaciones donde puso la primera piedra, e iniciar así un proyecto que tomaría 126 años—y abarcaría 21 papados.

Julio contrató a los mejores artistas que pudo encontrar, incluyendo al arquitecto Donato Bramante. Julio reestableció además la tradición de los papas como guardianes y patronos de las artes. Su visión para la construcción de la nueva iglesia sigue siendo uno de los experimentos más atrevidos, y nunca antes imaginados, en lo que a arquitectura religiosa se refiere. Al encargarle la obra a Bramante, Julio le dijo: "supera a todas las demás iglesias en magnificencia y grandeza."

La nueva basílica de San Pedro fue finalmente consagrada en 1626 por Urbano VII (1623–1644). Según la leyenda, 1,300 años después de que la antigua basílica hubiera sido consagrada por San Silvestre I en 326. Con una fachada definitiva que se eleva 375 pies, la basílica de San Pedro ocupaba más de 5 acres, la iglesia más grande del mundo por más de 400 años.

Culminar satisfactoriamente la Basílica del Renacimiento requirió de la intensa colaboración de Papas visionarios, entre los

(1534–1549), Sixtus V (1585–1590), Paul V (1605–1621), and Urban VIII (1623–1644), and some of the greatest artists of all time, including Raphael, Bernini, and Michelangelo.

Michelangelo was 62 years old when Paul III appointed him architect in 1547. The artist drew up plans for a huge hemispherical dome, larger than anything ever before attempted. After his death, his assistant, Giacomo della Porta, altered his mentor's design and lengthened the dome into the ellipsoid shape we see today. After almost 100 years of diverse designs by different architects, della Porta raised the dome in 1590.

Artworks in this section document the history of the new Basilica and the work of the architects who designed it.

que se cuentan: Julio II (1503–1513), Pablo III (1534–1549), Sixto V (1585–1590), Pablo V (1605–1621), y Urbano VIII (1623–1644), así como algunos de los más importantes artistas de todos los tiempos, incluyendo a Rafael, Bernini y Miguel Ángel.

Miguel Ángel tenía 62 años cuando el Papa Pablo III lo nombró arquitecto en 1547. El artista dibujó los planos de una cúpula hemisférica, más grande que cualquier otra intentada anteriormente. Después de su muerte, su asistente, Giacomo della Porta, alteró el diseño de su mentor y la longitud del domo en la forma elipsoidal que puede apreciarse hoy. Después de casi 100 años de diversos diseños y arquitectos, della Porta levantó la cúpula en 1590.

Los trabajos artísticos de esta sección documentan la historia de la nueva basílica y el trabajo de los arquitectos que la diseñaron.

Portrait of an Angel
Retrato de un Ángel
Giacomo Zoboli
(1681–1767)
1742–1748
Oil on canvas
105 ⅞ x 76 ⅜ x 4 ⅛ inches
The Reverenda Fabbrica
of Saint Peter, Vatican
City State

Portrait of a Cherub
Retrato de un Querubín
Giacomo Zoboli
(1681–1767)
1742–1748
Oil on canvas
43 ⅛ x 58 ¼ inches
The Reverenda Fabbrica
of Saint Peter, Vatican
City State

Tasks of the Architect

This document bearing Michelangelo's signature is addressed to the administrators who oversaw construction of Saint Peter's and who were famously corrupt. Michelangelo refused to accept the position of architect unless he had full control of all decisions. In this letter, he is authorizing payment for "stones for the framework for the colonnade of the dome."

These iron calipers are believed to have belonged to Michelangelo. They were used to measure size and proportion in his work on the new Basilica. The simplicity of the instrument compared to modern tools highlights the tremendous technical skill of the artists of this time.

Tareas del Arquitecto

Este documento donde puede apreciarse la firma de Miguel Ángel está dirigido a los administradores que supervisaron la construcción de San Pedro y quienes eran famosos por ser corruptos. Miguel Ángel rehusó aceptar el cargo de arquitecto a menos que tuviera control absoluto sobre todas las decisiones. En esta carta autoriza el pago de "piedras para el marco de los soportes de la cúpula."

Se cree que estos calibradores de hierro pertenecieron a Miguel Ángel. Fueron usados para medir el tamaño y proporción en su trabajo en la nueva basílica. La simplicidad del instrumento comparado con las herramientas modernas resalta las impresionantes habilidades técnicas de los artistas de la época.

Caliper of Michelangelo Buonarroti (1475–1564)
Calibrador de Miguel Ángel Buonarroti (1475–1564)
16th century
Iron
31 ½ x 26 x 1 ⅛ inches
The Reverenda Fabbrica of Saint Peter, Vatican City State

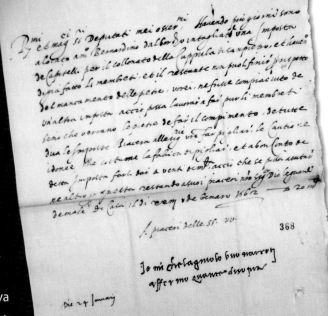

Document Signed by Michelangelo Buonarroti (1475–1564)
Documento Firmado por Miguel Ángel Buonarroti (1475–1564)
Michelangelo Buonarroti
1562
Handwritten paper
10 ⅞ x 8 ¼ inches
The Reverenda Fabbrica of Saint Peter, Vatican City State

Two Angels
Dos Ángeles
Workshop of Gian Lorenzo Bernini
17th century
Gilt wood
39 ⅜ x 15 ¾ x 29 ½ inches
Apostolic Floreria, Vatican City State

FACING PAGE:
Candlestick for the Saint Peter Basilica
Candelabro para la Basílica de San Pedro
Gian Lorenzo Bernini (1598–1680)
17th century
Bronze
44 ½ x 14 ⅝ x 13 inches
The Reverenda Fabbrica of Saint Peter, Vatican City State

Bernini and the Baroque

Bernini y el Barroco

Grandeur and drama are at the heart of the Baroque. Full of light, shadow, and movement, it appeals to the emotions and aims to inspire awe.

In 1623, Cardinal Maffeo Barberini was elected Pope Urban VIII. The powerful Barberini family was one of Rome's most influential patrons of the arts and the new pope was a close friend of Gian Lorenzo Bernini, sculptor, painter, architect, and the most acclaimed artist of the day.

Appointed chief architect in 1629 by Urban, Bernini infused the interior of the Basilica with his genius. Outside, in front of the building, his spectacular colonnade forms two extended arms that reach out to embrace the world.

Urban commissioned Bernini to create a *baldacchino* over the high altar above Saint Peter's Tomb. Bernini's five-story-high monument of twisting bronze columns is one of the grandest symbols of the Vatican. It demanded so much metal that the pope resorted to stripping one of ancient Rome's most revered buildings, the Pantheon. This led to the famous saying, "What wasn't done by the barbarians was done by the Barberinis."

A vast number of projects were undertaken during Bernini's tenure as chief architect. Bernini organized a huge team of skilled artists and artisans into a workshop. Often, their work achieved a notable stylistic harmony. At other times, Bernini encouraged the expression of an individual artist's style to create a varied effect.

Grandeza y drama habitan en el corazón del barroco. Lleno de luz, sombra y movimiento atrae las emociones y apunta a inspirar sobrecogimiento.

En 1623, el cardenal Maffeo Barberini fue elegido Papa Urbano VIII. La poderosa familia Barberini era una de las más influyentes en el apoyo de las artes, y el nuevo Papa era amigo cercano de Bernini, el escultor, pintor, arquitecto y más aclamado artista de su época.

Nombrado jefe de arquitectos por Urbano en 1629, el interior de la basílica está impregnado de su genio. Afuera en la plaza, al frente de la basílica, la espectacular columnata forma dos brazos extendidos que se tienden para abrazar al mundo.

Urbano encargó a Bernini la creación de un *baldacchino*, o baldaquín (pabellón) encima del altar mayor sobre la tumba de San Pedro. El monumento diseñado por Bernini, de cinco pisos de alto y columnas trenzadas de bronce, es uno de los más grandes símbolos del Vaticano. Necesitó tanto metal que el Papa decidió recurrir a al bronce del revestimiento de uno de los monumentos romanos más respetados, el Panteón. Esto dio origen al famoso dicho: "Lo que no pudieron hacer los bárbaros, lo hicieron los Barberini."

Una enorme cantidad de proyectos se iniciaron en la basílica mientras Bernini fuera arquitecto en jefe. Bernini organizó su taller con un numeroso grupo de artistas y artesanos calificados.

A menudo, los trabajos realizados aquí alcanzaron una notable armonía estilística. En algunas ocasiones Bernini estimulaba la expresión del estilo de uno de sus artistas para crear un efecto diferente.

Bust of Gian Lorenzo Bernini (1598–1680)
Busto de Gian Lorenzo Bernini (1598–1680)
Unknown artist
18th–19th century
Wood
25 ⅝ x 16 ⅞ x 11 ¾ inches
The Reverenda Fabbrica of Saint Peter, Vatican City State

Document Signed by Gian Lorenzo Bernini
Documento Firmado por Gian Lorenzo Bernini
Gian Lorenzo Bernini (1598–1680)
1629
Paper
11 ¾ x 8 ¼ inches
The Reverenda Fabbrica of Saint Peter, Vatican City State

Dress Sword Hilt of Gian Lorenzo Bernini (1598–1680)
Espada de Vestir con Empuñadura de Gian Lorenzo Bernini (1598–1680)
17th century
Steel, bronze, gold, copper and wood
7 ⅞ x 3 ½ inches
Basilica of Saint Mary Major

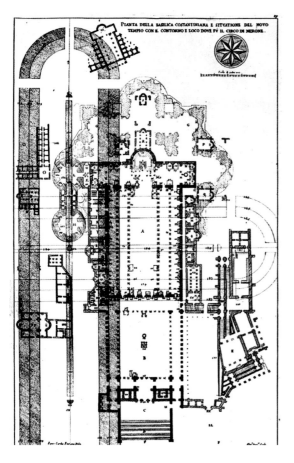

Etching from the Work "Il Tempio Vaticano e la Sua Origine": Plan of the Constantinian Basilica and Section of the New Basilica Compared with the Circus of Nero Location

Aguafuerte del Trabajo "Il Tempio Vaticano e la Sua Origine": Planos de la Basílica Constantina y Sección de la Nueva Basílica Comparada con la Ubicación del Circo de Nerón

Carlo Fontana (1638–1714);
Engraving: Alessandro Specchi (1688–1729)
1694
Print on paper
23 ⅝ x 18 ⅛ x ¾ inches
The Reverenda Fabbrica of Saint Peter,
Vatican City State

Etching from the Work "Il Tempio Vaticano e la Sua Origine": Side of the Old Basilica and Part of the New One

Aguafuerte del Trabajo "Il Tempio Vaticano e la Sua Origine": Costado de la Vieja Basílica y Parte de la Nueva

Carlo Fontana (1634–1714);
Engraving: Alessandro Specchi (1688–1729)
1694
Print on paper
18 ⅛ x 23 ⅝ x ¾ inches
The Reverenda Fabbrica of Saint Peter,
Vatican City State

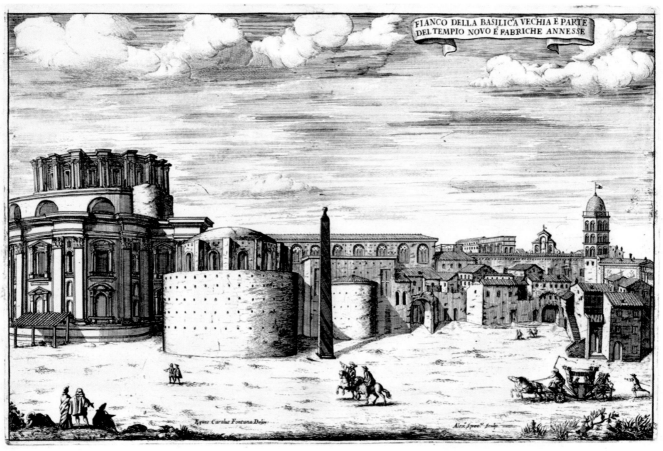

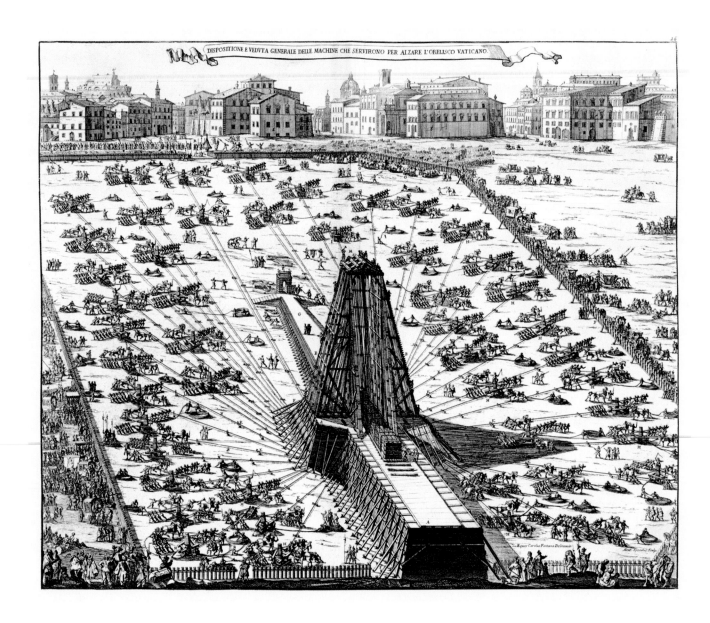

Etching from the Work "Il Tempio Vaticano e la Sua Origine": General View and Arrangement of the Equipment Used to Lift Up the Obelisk
Aguafuerte del Trabajo "Il Tempio Vaticano e la Sua Origine": Panorámica y Disposición de Equipos Usados para Levantar el Obelisco
Carlo Fontana (1634–1714); Engraving: Alessandro Specchi (1668–1729)
1694
Print on paper
25 ⅜ x 28 ¾ x ¾ inches
The Reverenda Fabbrica of Saint Peter, Vatican City State

Metal Pulley Used for the Saint Peter Basilica Works
Polea Metálica Usada en los Trabajos de la Basílica de San Pedro
19th century
Iron
15 ¾ x 9 ½ x 7 ⅞ inches
The Reverenda Fabbrica of Saint Peter, Vatican City State

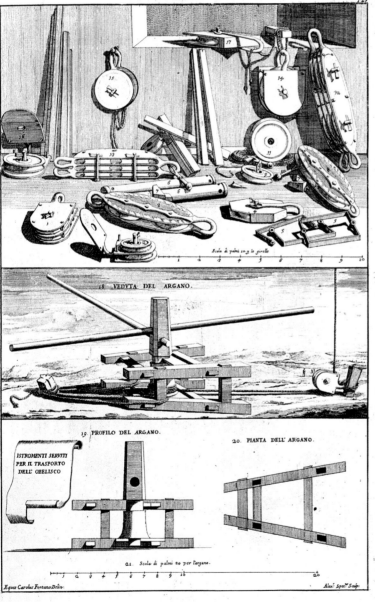

AT LEFT:
Etching from the Work "Il Tempio Vaticano e la Sua Origine":
Hoist and Other Tools
Aguafuerte del Trabajo "Il Tempio Vaticano e la Sua Origine":
Grúa y Otras Herramientas
Carlo Fontana (1638–1714);
Engraving: Alessandro Specchi (1688-1729)
1694
Print on paper
23 ⅝ x 18 ⅛ x ¾ inches
The Reverenda Fabbrica of Saint Peter, Vatican City State

BELOW:
Metal Shackle Used for the Saint Peter Basilica Works
Grillete Metálico Usado en los Trabajos de la Basílica de San Pedro
19th century
Iron
26 x 15 ¾ x 2 inches
The Reverenda Fabbrica of Saint Peter, Vatican City State

93

Document Signed by Carlo Maderno
Documento Firmado por Carlo Maderno
Carlo Moderno (1556–1629)
17th century
Paper
11 ¾ x 8 ¼ inches
The Reverenda Fabbrica of Saint Peter,
Vatican City State

**Etching from Work "Il Tempio Vaticano e la Sua Origine":
Facade of the Vatican Basilica with its Foundations**
Aguafuerte del Trabajo "Il Tempio Vaticano e la Sua Origine":
Fachada de la Basílica Vaticana con sus Fundaciones
Carlo Fontana (1638–1714);
Engraving: Alessandro Specchi (1688–1729)
1694
Print on paper
23 ⅝ x 18 ⅛ x ¾ inches
The Reverenda Fabbrica of Saint Peter, Vatican City State

Seal of Pope Alexander VII (1655–1667)
Sello del Papa Alejandro VII (1655–1667)
1655–1667
Lead
1 ⅝ x 1 ⅝ inches
Congregation for the Evangelization of Peoples,
Vatican City State

Seal of Pope Sixtus V (1585–1590)
Sello del Papa Sixto V (1585–1590)
1585–1590
Lead
1 ⅝ x 1 ⅝ inches
Congregation for the Evangelization of Peoples,
Vatican City State

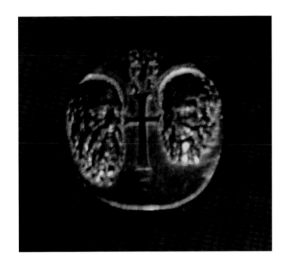

Document Signed by
Giacomo della Porta
Documento Firmado por
Giacomo della Porta
Giacomo della Porta (1533–1602)
16th century
Paper
11 ¾ x 8 ¼ inches
The Reverenda Fabbrica of Saint
Peter, Vatican City State

95

Art in the
Service of
Faith

Arte al
Servicio
de la Fe

In 1511, over 150 years before Bernini finished Saint Peter's Square and with work on the new Basilica just underway, a penniless German friar called Martin Luther visited Rome. Luther was disappointed by the shallowness he perceived in Roman piety and was outraged by the financing of the construction of the new Basilica through the sale of indulgences—a reduced suffering after death in return for a charitable donation to the Church. Fueled by the recent invention of the printing press, Luther's incendiary writings spread quickly across Europe. The Protestant Reformation was born.

In 1545, with the Renaissance at its height, Pope Paul III (1534–1549) responded to the Protestant Reformation by convening a meeting in Trent, Italy, attended by all the bishops of the Church, to discuss and determine Church doctrine and practice. The Council established moral, political, and aesthetic guidelines for art that unified the Catholic Church. Art, it concluded, should be in the service of faith and should deliver the message of Christianity in ways accessible to ordinary people.

Throughout the centuries, artists have devoted themselves to religiously inspired themes. Architects, painters, sculptors, jewelers and engravers have put their greatest artistic capabilities in the service of religion. Often, the church has asked artists to contribute their skills to the diffusion of the Christian message. The mosaics, paintings, and sculptures of the early Christian churches reflect this message. They are not simply aesthetic objects, they are designed to elicit deeply rooted themes of the Christian faith.

En 1511, más de 150 años antes de que Bernini terminara la plaza de San Pedro, y con el trabajo de la basílica en marcha, un fraile en bancarrota llamado Martín Lutero visitó Roma. Lutero estaba decepcionado por la superficialidad que vio en la devoción de Roma, e indignado por el financiamiento de la construcción de la basílica con la venta de absoluciones—menor sufrimiento después de la muerte, a cambio de una donación caritativa para la iglesia. Incitado por la invención reciente de la imprenta, los escritos incendiarios de Lutero se propagaron rápidamente por toda Europa. Este fue el inicio de la Reforma Protestante.

En 1545, con el Renacimiento en pleno apogeo, el Papa Pablo III (1534–1549) respondió a la reforma protestante convocando a una asamblea en Trento, Italia, a la que asistieron todos los obispos de la iglesia para discutir y determinar las doctrinas y prácticas de la iglesia. El concilio estableció los lineamientos morales, políticos y estéticos para el arte, de manera que unificara a la iglesia Católica. El arte, concluiría, debería estar al servicio de la fe y debería transmitir el mensaje de la cristiandad de manera accesible para la gente común.

A través de los siglos los artistas se han consagrado a temas inspirados en la religión. Arquitectos, pintores, escultores, joyeros y talladores han puesto su inmenso talento artístico al servicio de la religión. A menudo la iglesia les ha pedido a los artistas que contribuyan con sus habilidades a la difusión del mensaje cristiano. Los mosaicos, pinturas y esculturas de los inicios de la iglesia reflejan este mensaje. No se trata sólo de objetos estéticos; han sido diseñados para evocar las profundas raíces de las temáticas de la fe cristiana.

LEFT:
Statue of Saint Paul
Estatua de San Pablo
19th century
Gilt metal
22 ⅝ x 12 ¼ x 7 ⅛ inches
Congregation for the Evangelization of Peoples, Vatican City State

RIGHT:
Statue of Saint Andrew
Estatua de San Andrés
19th century
Gilt metal
21 ⅝ x 11 ⅝ x 7 ⅛ inches
Congregation for the Evangelization of Peoples, Vatican City State

LEFT:
Statue of Saint John
Estatua de San Juan
19th century
Gilt metal
21 ¼ x 14 ⅛ x 7 ⅛ inches
Congregation for the Evangelization of Peoples, Vatican City State

RIGHT:
Statue of Saint Peter
Estatua de San Pedro
19th century
Gilt metal
22 ⅞ x 11 x 7 ⅛ inches
Congregation for the Evangelization of Peoples, Vatican City State

Madonna del Sassoferrato
Madonna del Sassoferrato
Giovanni Battista Salvi (known as Il Sassoferrato) (1605–1685)
17th century
Oil on copper
13 ¾ x 11 x 1 ⅛ inches
Private Collection, Vatican City State

Madonna
Madonna
Giovanni Battista Salvi (known as Il Sassoferrato) (1605–1685)
17th century
Oil on canvas
28 x 24 ¼ inches
Congregation for the Evangelization of Peoples, Vatican City State

The Virgin Mary with Infant Jesus and Book in Hands
La Virgen María con el Niño Jesús y un Libro en la Mano
Attributed to Giovanni Francesco Barbieri, known as Guercino
(1591–1666)
17th century
Oil on paper
27 ⅛ x 22 ½ inches
Congregation for the Evangelization of Peoples, Vatican City State

The Announcement to
the Shepherds
La Anunciación a los Pastores
Roman follower of Peter
Mulier, well known as the
Cavalier Tempesta
Last quarter of the 17th century
Oil on canvas
33 ⅝ x 39 ⅜ inches
Congregation for the Evangeliza-
tion of Peoples, Vatican City State

PETER SAVED FROM THE WATER

This painting by the Baroque painter and writer, Guiseppe Ghezzi (1634–1721), shows the well-known episode from Matthew—the same episode painted by Giotto in the Navicella—in which Jesus appears to the disciples after his crucifixion, walking on the Sea of Galilee.

The terrified disciples believe they have seen a ghost. Only Peter leaves the boat. Soon, though, even he takes fright on the violent sea. As he reaches out to save him, Jesus says, "You have so little faith. Why did you doubt?"

PEDRO ES SALVADO DE LAS AGUAS

Esta pintura del artista y escritor del Barroco Guiseppe Ghezzi (1634–1721), muestra el reconocido pasaje de Mateo—el mismo pasaje pintado por Giotto en la Navicella—en el cual Jesús se aparece a los discípulos caminando sobre el mar de Galilea, después de la crucifixión.

Los discípulos aterrorizados creen haber visto un fantasma. Sólo Pedro deja el bote pero pronto se aterroriza por el violento mar. Extendiendo su mano para salvarlo, Jesús le dice: "Hombre de poca fe. ¿Por qué dudaste?"

Peter Saved from the Water
Pedro es Salvado de las Aguas
School of Giuseppe Ghezzi
1715–1725
Oil on canvas
65 x 52 ⅜ inches
Congregation for the Evangelization of Peoples, Vatican City State

The Expulsion of the
Merchants from the Temple
*Expulsión de los Mercaderes
del Templo*
Workshop of Francesco or
Leandro Bassano
1590–1620
Oil on canvas
39 x 52 ½ inches
Congregation for the Evangeliza-
tion of Peoples, Vatican City State

The Supper of Emmaus
La Cena de Emaús
Workshop of Francesco or
Leandro Bassano
1590–1620
Oil on canvas
39 ⅛ x 51 ¾ inches
Congregation for the Evangeliza-
tion of Peoples, Vatican City State

The Crucifixion
La Crucifixión
School of Leonard Bramer (1596–1674)
17th century
Oil on canvas
19 ⅝ x 31 ¼ inches
Congregation for the Evangelization of Peoples, Vatican City State

Veronica of Guercino

La Verónica de Guercino

Giovanni Francesco Barbieri was born in 1591 in Cento, a small town near Bologna. He was known as Il Guercino, the squinter, due to an eye problem that, according to some, accounts for his distinctive style.

Guercino was greatly influenced by Titian (1490–1576), Ludovico Carracci (1555–1619), and Guido Reni (1575–1666) but his paintings have their own characteristic originality. The masterly use of color, the pure lighting effects, and the accentuation of light and shadow in this Veronica are typical of his style. This painting was likely completed in the last 20 years of the artist's life, a period in which he produced many devotional paintings. It is painted on silk, a material used for the execution of particularly precious works.

According to tradition, Saint Veronica used the "sudarium," a small cloth, to wipe Jesus' face on the road to Calvary. The cloth, on which the image of Christ's face is imprinted, is a legendary relic, an inspiration for devotional imagery since at least the 13th century. Guercino's use of the new Baroque sensibilities added to the grace and power of the iconic image. Recent studies of the painting have underlined that it inspired many other works on this theme.

Giovanni Francesco Barbieri nació en 1591 en Cento, cerca a Bolonia. Era conocido como il Guercino, el bizco, debido a un problema en sus ojos el cual, según algunos, es la razón de su estilo diferente.

Guercino fue influenciado profundamente por Ticiano (1490–1576), Ludovico Carracci (1555–1619), y Guido Reni (1575–1666) pero sus pinturas poseen sus características originales. Su maestría en el uso del color, los efectos de iluminación pura y la acentuación de la luz y las sombras en esta Verónica son típicos de su estilo. Esta pintura probablemente fue terminada en los últimos 20 años de la vida del artista, un período en el cual produjo la mayoría de sus pinturas piadosas. Está pintada en seda, un material usado para la realización de objetos particularmente apreciados.

Según la tradición, Santa Verónica usó el "sudarium" un pequeño trozo de tela, para limpiar el rostro de Jesús mientras caminaba hacia el calvario. La tela, sobre la cual quedó impresa la cara de Cristo, es una legendaria reliquia y una inspiración para las imágenes religiosas al menos desde el siglo 13. El uso que hace Guerciono de nuevas sensibilidades del Barroco aumenta la gracia y el poder de esta imagen simbólica. Estudios recientes de la pintura señalan que inspiró numerosos trabajos sobre el tema.

Portrait of Christ with Crown of Thorns (The Veronica of Guercino)
Retrato de Cristo con Corona de Espinas (La Verónica de Guercino)
Giovanni Francesco Barbieri, known as Guercino (1591–1666)
17th century
Oil on silk
17 ⅜ x 15 x ⅝ inches
Private Collection, Vatican City State

UPPER RIGHT:
Saint Jerome
San Jerónimo
Manner of Ribera
17th century
Oil on canvas
48 ⅞ x 39 inches
Congregation for the Evangelization of Peoples,
Vatican City State

LOWER RIGHT:
Portrait of a Prophet
Retrato de un Profeta
Late 17th century
Oil on canvas
26 ⅜ x 19 ⅝ inches
Apostolic Floreria, Vatican City State

Portrait of Ezzelino da Romano
Retrato de Ezzelino da Romano
Antonio Canova (1757–1822)
1793
Oil on canvas
36 ¼ x 30 ¾ inches
Congregation for the Evangelization of Peoples, Vatican City State

Portrait of Saint Peter
Retrato de San Pedro
Oil on canvas
20 ½ x 16 ½ inches
Congregation for the Evangeliza-
tion of Peoples, Vatican City State

Portrait of Saint Paul
Retrato de San Pablo
Oil on Canvas
20 ⅞ x 16 ⅞ inches
Congregation for the Evangeliza-
tion of Peoples, Vatican City State

Imaginary Landscape with
Saint John Lateran
*Paisaje Imaginario con San Juan
de Letrán*
18th century
Oil on canvas
26 ⅜ x 32 ⅞ inches
Congregation for the Evangelization of Peoples, Vatican City State

The Art of
the Liturgy

El Arte de
la Liturgia

The Church responded to the Protestant Reformation with a commitment to continue the traditions established in the Middle Ages. The Mass was standardized and seminaries were established to train the clergy. The Church held that the rituals of the Mass, or liturgy, put participants in direct contact with Jesus and that the beauty and preciousness of the objects and vestments used in the Mass help the spirit raise itself to the beauty and greatness of God.

The celebration of the Mass is at the heart of the liturgy. It allows worshipers to experience one of the central events in the life of Jesus: the Last Supper. It was at this Passover celebration that Jesus gave bread to his disciples, saying, "Take this and eat; this is my body," and raised a cup of wine, saying, "Take and drink, for this is my blood…"

The Mass sacramentally re-creates this experience. For Catholics, the wafer or "host" on the paten, and the wine in the chalice become the body and blood of Jesus through the priest's words of consecration. By participating in this ceremony, worshipers may experience a communion with Jesus, bringing him into their daily lives in a tangible way.

Liturgical and ceremonial objects are often cherished objects of art. As ritual instruments essential to the adoration of God, they are often rich and splendid. Artists have seized the opportunity to create objects that are as beautiful and expressive as they are durable and practical.

Chalice Given to Pope Pius IX (1846–1878)
Cáliz Dado al Papa Pío IX (1846–1878)
From California
Second half of 19th century
Gilt silver, diamonds, opals, mother of pearl
10 ⅝ x 5 ½ inches
Basilica of Saint Mary Major

La iglesia reaccionó a la reforma protestante con un compromiso para continuar las tradiciones establecidas en la Edad Media. La misa fue estandarizada y se establecieron seminarios para entrenar a los clérigos. La iglesia aseguraba que los rituales de la misa ponían a los participantes en contacto directo con Jesús y que la belleza y valor inapreciable de los objetos y vestiduras usadas en la misa, ayudaban al espíritu a elevarse a sí mismo hasta la belleza y grandeza de Dios.

La celebración de la misa es el corazón de la liturgia. Permite a los creyentes experimentar uno de los eventos fundamentales de la vida de Jesús: la última cena. Fue durante la celebración de la Pascua que Jesús le dio el pan a sus discípulos diciendo: "Tomad y comed todos de él pues este es mi cuerpo" y luego levantó el vaso del vino diciendo: "tomad y bebed todos de él, porque esta es mi sangre…"

De una manera sacramental, la misa recrea esta experiencia. Para los católicos, la hostia sobre la patena y el vino en el cáliz se convierten en el cuerpo y la sangre de Jesús a través de las palabras de consagración del sacerdote. Al participar en esta ceremonia, los devotos pueden experimentan una comunión con Jesús, trayéndolo a sus vidas de una manera palpable.

Los objetos litúrgicos y ceremoniales son a menudo apreciados como objetos artísticos. Como instrumentos rituales esenciales para la adoración de Dios, con frecuencia son además lujosos y espléndidos. Los artistas han aprovechado cada oportunidad de crear objetos que no sólo son bellos y expresivos, sino además durables y prácticos.

Baroque Urn with Last Supper, Deposition and Berninian Angels
Urna del Barroco con Última Cena, Descenso y Ángeles de Bernini
Second half of 17th century
Silver, gilt copper, gilt bronze, wood
28 ⅜ x 28 ⅜ x 20 ½ inches
Basilica of Saint Mary Major

Chalice, Paten, and Spoon Given to the Basilica by Pope John XXIII
(1958–1963)
Cáliz, Patena, y Cuchara Donado a la Basílica por el Papa Juan XXIII (1958–1963)
1959
Gilt silver
Chalice: 10 ⅜ x 6 ⅝ x 6 ⅝ inches
Paten: 6 ⅛ x 6 ⅛ inches
Spoon: 3 ½ x ¾ inches
Basilica of Saint Paul Outside the Walls

LEFT:
Box for the Liturgical Plate in Service
for the Mass
*Estuche para el Plato Litúrgico en Servicio
para la Misa*
Gift of the Prince Paolo Borghese
1874
Gilt silver
21 ¼ x 19 ⅝ inches
Basilica of Saint Mary Major

RIGHT:
Bell for the Liturgical Plate in Service
for the Mass
*Campana para el Plato Litúrgico en Servicio
para la Misa*
19th century
Silver plated metal
Basilica of Saint Mary Major

Faldstool of Pope Pius IX (1846–1878)
Faldistorio de Pío IX (1846–1878)
Apostolic Floreria
Late 19th century
Gilt wood, red velvet
37 ¾ x 38 ¼ x 28 ⅜ inches
Apostolic Floreria, Vatican City State

Papal Throne of Pope Pius XI (1922–1939)
Trono Papal de Pío XI (1922–1939)
Apostolic Floreria
19th century
Wood, velvet, gold-plated metal, golden thread
63 x 31 ½ x 31 ½ inches
Apostolic Floreria, Vatican City State

Chalice and Paten of Pope John Paul II
(1978 2005)
Cáliz y Patena del Papa Juan Pablo II (1978–2005)
2001
Gilt silver, vitreous gems
Chalice: 10 ¼ x 5 ½ x 5 ½ inches
Paten: 6 ¼ x 6 ¼ inches
Private Collection, Vatican City State

Ciborium of Pope John Paul II
(1978–2005)
*Copón del Papa Juan Pablo II
(1978–2005)*
2001
Gilt silver
12 ¼ x 5 ⅛ x 5 ⅛ inches
Private Collection, Vatican City State

Wooden Panel with Embossed
Copper Ornament
*Panel de Madera con Adorno de
Cobre Repujado*
Apostolic Floreria
19th century
Wood, copper
31 ⅞ x 55 ½ inches
Apostolic Floreria, Vatican City State

113

Processional Cross

Cruz Procesional

This elegant cross was made by Nicola da Guardiagrele, one of the greatest goldsmiths of the 15th century. An outstanding example of the stylistic transition from medieval to Renaissance, it combines northern European Gothic art with Roman elements. The cross is composed of a variety of metals and includes additions and alterations from different periods. The side band is made of white metal, decorated with a circular, stylized floral motif. The arms of the cross each have two gilded metal plates with decorations in relief.

The cross features relief sculptures of Saints John, Mark, Luke, and Matthew. In the center is a sculpture of Jesus holding a tablet whose inscription translates as "I am the Resurrection and the Life." All the statues are made of gilded metal. The back of the cross presents scenes from the Resurrection, with Jesus and the soldiers, Mary Magdalene and the Virgin, and a pietà with the inscription "Behold the Cross of the Lord—enemy factions take flight" and the date 1900, almost certainly the year in which these gilded ornaments were added. The workmanship of the cross is outstanding and the object has been constructed with great skill, especially the relief decorations.

Esta elegante cruz fue hecha por Nicola da Guardiagrele, uno de los mejores orfebres del siglo 15. Es un ejemplo destacado de la transición estilística del medioevo al renacimiento y combina el arte gótico de Europa del norte con elementos romanos. La cruz está hecha de varios metales e incluye adiciones y alteraciones de diferentes períodos. La banda lateral está hecha de metal blanco, decorada con un motivo floral circular estilizado. En los brazos de metal, cada uno tiene revestimientos con dos metales dorados con decoraciones en relieve.

En la cruz se destacan las esculturas en relieve de los santos Juan, Marcos, Lucas y Mateo. En el centro puede apreciarse una escultura de Jesús sosteniendo una tablilla cuya inscripción traduce: "Soy la resurrección y la vida." Todas las estatuas están hechas de metal dorado. Al reverso se encuentran escenas de la resurrección y la pietà con la inscripción: "He aquí la cruz del Señor—huid poderes enemigos" y la fecha 1900, muy probablemente el año en el que se adicionaron estos ornamentos dorados. La destreza ejecutada en la cruz es extraordinaria y los objetos han sido construidos con gran habilidad, especialmente las decoraciones del relieve.

Processional Cross
Cruz Procesional
Nicola Guardiagrele
15th century
Gilded metals
61 ⅜ x 34 ¼ x 9 inches
Basilica of Saint Paul Outside the Walls

Roman Missal with Silver Binding
Misal Romano con Encuadernación de Plata
1700
Silver, gold
15 x 10 ⅝ x 2 inches
Basilica of Saint Mary Major

Canon Missae
Canon Missae
19th century
17 ½ x 23 ⅞ x 1 ⅛ inches
Basilica of Saint Paul Outside the Walls

Chasuble

Casulla

A chasuble is a liturgical garment worn by the priest or bishop who is presiding over the Mass. The chasuble was first worn during the time of the Roman Empire when it was common formal wear. Its shape has varied over the centuries. It is often worn over an alb, a long, loose-fitting tunic.

Chasuble of Cardinal
Scipione Borghese
(1576–1633)
*Casulla del Cardenal
Scipione Borghese (1576–1633)*
18th century
White "lamina" and gold
embroidery
29 ½ x 43 ¼ inches
Basilica of Saint Mary Major

La casulla es una prenda vestida por el sacerdote u obispo que oficia la misa. La casulla empezó a usarse en los tiempos del imperio romano cuando era considerada un atuendo formal. Su forma ha variado a través de los siglos. A menudo se usa sobre el alba, una larga y amplia túnica.

Chasuble of Cardinal Vincenzo Vannutelli (1836–1930)
Casulla del Cardenal Vincenzo Vannutelli (1836–1930)
Made by the Gobelins factory
Second half of 19th century
Tapestry with gold and silk
44 ⅛ x 28 ¾ inches
Basilica of Saint Mary Major

Detail of an Antependium of the Vatican Basilica
Depicting Saint Catherine from Bologna
Detalle de un Antipendio de la Basílica Vaticana Mostrando
a Santa Catalina de Bolonia
Rome
1712
31 ½ x 23 ⅝ inches
The Reverenda Fabricca of Saint Peter, Vatican City State

Cope of Saint Charles Borromeo
(1538–1584)
Capa de San Carlo Borromeo (1538–1584)
Florentine manufacture
Second half 16th century
Red damask, yellow and pink brocade
53 ⅞ x 42 ½ inches
Basilica of Saint Mary Major

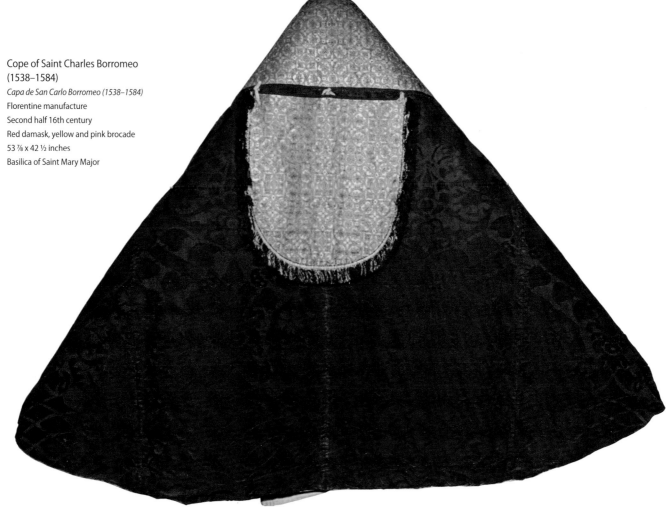

**Hammer for the Opening and Trowel for the Closing
of the Holy Door of Pope Paul VI (1963–1978)**
*Martillo para Abrir y Palustre para Cerrar la Puerta Santa, del
Papa Pablo VI (1963–1978)*
1975
Silver, gold
Hammer: 10 ⅝ x 5 ⅛ inches
Trowel: 8 ⅝ x 3 ⅛ inches
Basilica of Saint Mary Major

Brick of the Holy Door
Ladrillo de la Puerta Santa
1983
Terracotta
13 ⅜ x 19 ¼ x 2 ⅜ inches
The Reverenda Fabbrica of Saint Peter, Vatican City State

Dialogue
with the
World

Diálogo
con el
Mundo

For centuries, the Church—in the spirit of Paul's original missions—has taken part in an ongoing exchange with the world outside Rome.

In 1627, with European overseas explorations presenting the opportunity for millions of new Christian conversions, Pope Urban VIII founded the Urban College of Propaganda Fide to train missionaries to carry the message of the Catholic Church beyond Rome. In addition to spreading the religious message of the Church, the work of Propaganda Fide documented societies and religions all over the world and inspired devotional art from many cultures.

Today's missionaries are careful not to impose their rites and customs on other societies. They take great care to translate the Christian message in ways that are relevant to the people to whom they are ministering. They continue the longstanding Catholic traditions of missionary outreach, teaching activity, and religious dialogue with both Christians and non-Christians.

Missionary outreach— Missionary activity is an integral part of the Church. On Jesus' urging, the apostles themselves carried his message all across the world.

Teaching activity—For Catholics, the pope is the interpreter of God's Word. The symbol of

The Virgin Mary with Infant Jesus and a Gospel in Arabic Language
La Virgen María con el Niño Jesús y un Evangelio en Idioma Árabe
1849
Oil on wood
16 ½ x 13 ⅜ inches
Congregation for the Evangelization of Peoples, Vatican City State

Por siglos, la iglesia ha participado—siguiendo las misiones originales de Pablo—en un continuo intercambio con el mundo fuera de Roma.

En 1627, gracias a las oportunidades brindadas por las exploraciones europeas en el extranjero, millones fueron convertidos al cristianismo. El Papa Urbano VIII fundó la Academia Urbano de Propaganda Fide para entrenar misioneros que llevaran el mensaje de la iglesia católica más allá de Roma. Además de difundir el mensaje religioso de la iglesia, el trabajo de Propaganda Fide documentó comunidades y religiones de todas partes del mundo, e inspiró arte religioso de muchas culturas.

Los misioneros de hoy día tienen cuidado de no imponer sus rituales y costumbres a otras sociedades. Se esmeran en traducir el mensaje cristiano en maneras que sean adecuadas para las personas con las que están realizando el servicio. Así continúan las perdurables tradiciones católicas de alcance misionero, enseñanzas y diálogo religioso tanto con cristianos como no cristianos.

Alcance misionero—La actividad misionera forma parte integral de la iglesia. A pedido de Jesús, los mismos apóstoles llevaron su mensaje por todo el mundo.

Actividades educativas—Para los católicos, el Papa es el intérprete de la palabra de Dios. El símbolo de su actividad es la silla.

this activity is the chair. To underline the role of the pope and bishops as guides to the community, the main church of every bishop was originally called the "cathedral," from the Latin *cathedra* or chair. In English, the term "see," from *sedia*, meaning chair or seat, is used.

Religious dialogue—Pope John Paul II embodied the international character of the modern Church in the defining work of his papacy: his travels. More than a hundred journeys, over a million miles, and speeches before vast crowds in more than 130 countries. John Paul's travels redefined the Pauline mission of outreach beyond Rome for an age of mass communication.

This section is particularly rich in art and documents that illustrate the Church's desire to promote cross-cultural dialogue.

Para subrayar el papel del Papa y los obispos como guías de la comunidad, la iglesia principal de cada obispo era llamada originalmente "la catedral" del latín *cathedra* o silla. En inglés el término "see" proveniente de *sedia*, se usa para silla o sentarse.

Diálogo religioso—El Papa Juan Pablo II personifica el carácter internacional de la iglesia moderna desde la definición de su pontificado: sus viajes. Más de cien viajes, a través de más de un millón de millas y discursos ante multitudes de más de 130 países. Los viajes de Juan Pablo II re definieron la misión paulina de llegar más allá de Roma en esta era de comunicación masiva.

Esta sección es particularmente rica en arte y documentos que ilustran el deseo de la iglesia de promover un diálogo entre varias culturas.

Alphabeta Variae
Typographiae Sacrae
Congregationis de
Propaganda Fide
Alphabeta Variae
Typographiae Sacrae
Congregationis de
Propaganda Fide
~1648
Paper
23 ¼ x 29 ⅞ inches
Congregation for the Evangelization of Peoples, Vatican City State

Illustration of a Funeral in Vietnam
Ilustración de un Funeral en Vietnam
Friar Giuseppe Maria de Morrone, Franciscan and apostolic missionary
1840
Rice paper
24 ⅜ x 49 ⅝ inches
Congregation for the Evangelization of Peoples, Vatican City State

Chinese Funeral
Funeral Chino
Friar Deodato da S. Agostino
1791
Paper
7 x 25 ⅝ inches
Congregation for the Evangelization of Peoples, Vatican City State

Imperial Chinese Seal

Sello Imperial Chino

19th century

Jade, silk, paper

1 ⅜ x 5 ½ x 1 ⅜ inches

Congregation for the Evangelization of Peoples, Vatican City State

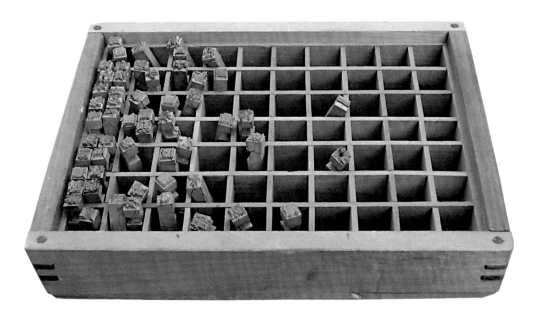

Wooden Box with Lead Chinese Types

Estuche de Madera con Caracteres Tipográficos Chinos de Plomo

Tipographia Poliglotta of Propaganda Fide

20th century

Wood, lead

4 ⅜ x 5 ⅞ x 1 ⅛ inches

Congregation for the Evangelization of Peoples, Vatican City State

Letter to Pope Pius IX

Carta al Papa Pío IX

Chinese Christians

1847

Paper

10 ⅝ x 54 ⅜ inches

Congregation for the Evangelization of Peoples, Vatican City State

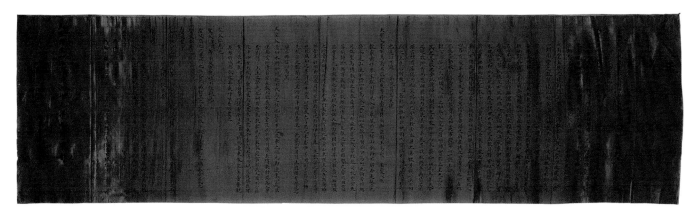

Letter in Arabic Language to Pope Urban VIII
Carta en Idioma Árabe al Papa Urbano VIII
Matthias, Coptic-Orthodox Patriarch of Alexandria
1627
Paper
47 ¼ x 11 inches
Congregation for the Evangelization of Peoples, Vatican City State

Tibetan Privilege of the Freedom of Conscience
Privilegio Tibetano de la Libertad de Conciencia
Gran Dalai Lama
1741
Rice paper
43 ¾ x 28 ¾ inches
Congregation for the Evangelization of Peoples, Vatican City State

Georgian Stereotype
Estereotipo Georgiano
Tipografia Poliglotta of Propaganda Fide
18th century
Wood
3 x 4 ½ x 1 inches
Congregation for the Evangelization of Peoples,
Vatican City State

Arabic Stereotype
Estereotipo Arábigo
Tipografia Poliglotta of Propaganda Fide
18th century
Wood
7 ⅞ x 7 ⅛ x 1 inches
Congregation for the Evangelization of Peoples,
Vatican City State

Latin Stereotype
Estereotipo Latino
Tipographia Poliglotta of Propaganda Fide
18th century
Wood
4 ⅞ x 5 ¾ x ¾ inches
Congregation for the Evangelization of Peoples,
Vatican City State

KOREAN VIRGIN MARY

This painting occupies the central part of a triptych, a work of art divided into three separate panels, often hinged. The side panels (not shown) include images of martyrs, men on the right and women on the left.

The Virgin Mary is seen here holding the infant Jesus and the hand of his older cousin, Saint John the Baptist. Mary wears clothes normally reserved for a Korean queen.

Depicting Mary and the Child in Korean garments is consistent with the Church's missionary message that Mary and Jesus belong to all people and cultures.

VIRGEN MARÍA COREANA

Esta pintura ocupa la parte central de un tríptico, un trabajo de arte dividido en tres paneles separados, a menudo unidos con bisagras. Los paneles adyacentes (no están en exhibición), incluyen imágenes de mártires, hombres a la derecha y mujeres a la izquierda.

La virgen María sostiene aquí al niño Jesús y la mano de su primo mayor, San Juan el bautista. María viste atuendos normalmente reservados para una reina coreana.

Representar a María y al niño con indumentarias coreanas es consecuente con el mensaje misionero de la iglesia según el cual María y Jesús pertenecen a todas las personas y todas las culturas.

The Virgin Mary with Infant Jesus and Saint John the Baptist
La Virgen María con el Niño Jesús y San Juan el Bautista
Korean artist
Tempera on paper
88 ⅝ x 61 ¾ inches
Congregation for the Evangelization of Peoples, Vatican City State

Twenty-two Survivors from
the Wreck of a Vessel Sailed
to Angola
*Sobreviven Veintidos en Naufragio
de Embarcación que Navegaba
hacia Angola*
Brother G.A di Monte Cuccolo,
O.F.M.
1674
Paper
8 ⅝ x 12 ¼ inches
Congregation for the Evangelization of Peoples, Vatican City State

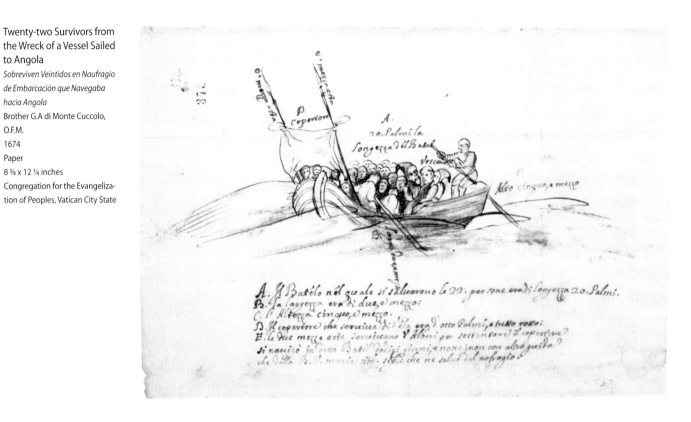

Vessels During a Storm
Naves en la Tormenta
Unknown
18th century
Oil on canvas
45 ⅞ x 61 inches
Congregation for the Evangeliza-
tion of Peoples, Vatican City State

Solemn Letter "Immortalis Dei Filius" with which Urban VIII Erected the Urban College of the Propaganda Fide
Carta Solemne "Immortalis Dei Filius" con la Cual Urbano VIII Edificó La Academia Urbana de Propaganda Fide
Pope Urban VIII (1623–1644)
1627
Parchment, silk, lead
13 x 9 ½ inches
Congregation for the Evangelization of Peoples, Vatican City State

Map from Jerusalem to Aleppo
Mapa desde Jerusalén hasta Alepo
Arsenio Diab
1778
Paper
20 ¼ x 27 ⅛ inches
Congregation for the Evangelization of Peoples, Vatican City State

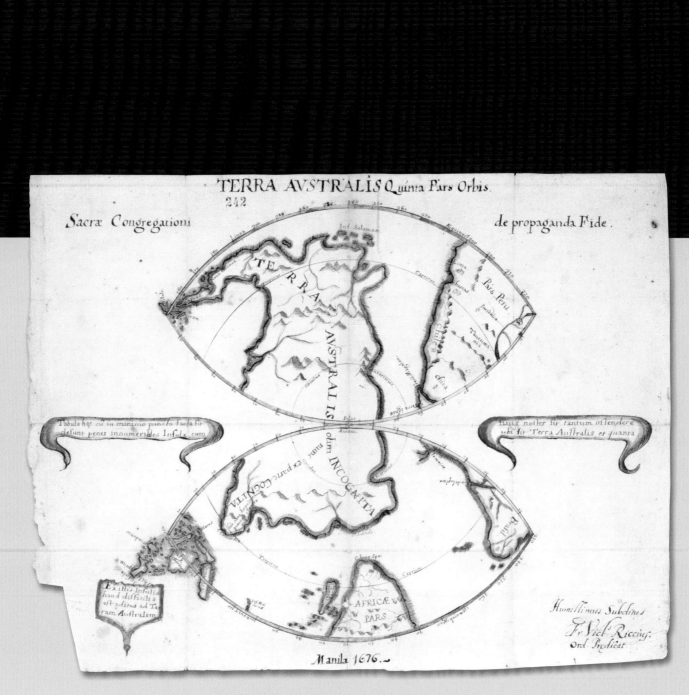

Terra Australis Quinta Pars Orbis: First Geographical Map of Australia

Terra Australis Quinta Pars Orbis: Primer Mapa Geográfico de Australia

Friar Vittorio Riccio, O.P.

1676

Paper

12 ¼ x 16 ⅛ inches

Congregation for the Evangelization of Peoples, Vatican City State

Terra Australis Quinta Pars Orbis

FIRST GEOGRAPHICAL MAP OF AUSTRALIA

Mapa de Tierra Australis Quinta Pars Orbis

PRIMER MAPA GEOGRÁFICO DE AUSTRALIA

In June 1676, the Dominican priest, Friar Vittorio Riccio, attached this map to a letter he sent to the Propaganda Fide from the Philippines requesting permission to head the first expedition to this uncharted territory. Drawn in 1676, it is the earliest known geographic map of Australia. Friar Riccio explained that he was

> ... trying to discover and enter the Southern land, that they call unknown, which is the fifth part of the world, a land that contains innumerable countries and nations, of which I am sending a rough sketch, and, since there is no part of the world belonging to the Catholic faith from which one could carry out the mission with more ease, or less difficulty, than here, as can be seen from the map, I therefore long to go to these places in order to give them news of God (it is such a deplorable thing that in such a vast expanded part of the world they have not yet heard the most holy name of God).

As Friar Riccio's map and letter make clear, not only were the missionaries carrying the Gospel beyond Rome, they were also recording information about lands and people unknown in Europe.

En 1676 el padre dominico Fray Vittorio Riccio anexó este mapa a la carta que enviara a Propaganda Fide desde las Filipinas, pidiendo permiso para dirigir la primera expedición a este territorio inexplorado. Dibujado en 1676, es el mapa geográfico de Australia más antiguo que se conoce. Fray Riccio explica que estaba

> ... tratando de descubrir y entrar a la tierra del sur que ellos llaman desconocida, y que es la quinta parte del mundo, una tierras que contienen innumerables países y naciones de las cuales envío apenas un bosquejo, y, como no hay una parte del mundo perteneciente a la iglesia católica desde la cual llevar a cabo una misión más fácil, o menos difícil que desde aquí, como puede verse en el mapa, por lo tanto quisiera ir a estos lugares para llevarles las buenas nuevas de Dios (es una pena que en esta extensa parte del mundo no hayan escuchado aún el mas sagrado nombre de Dios).

Como lo evidencian el mapa y la carta de Fray Riccio, no sólo había misioneros llevando el evangelio más allá de Roma, sino también recopilando información sobre tierras y personas desconocidas en Europa.

133

BELOW:
Portrait of Monsignor Melchiore Tasbas
Retrato de Monseñor Melchiore Tasbas
18th century
Oil on canvas
54 ¾ x 39 ¾ inches
Congregation for the Evangelization of Peoples, Vatican City State

UPPER RIGHT:
Portrait of Kombea, Radja of Salibaboo
Retrato de Kombea, Rajá de Salibaboo
Unknown European Painter
1848
Oil on canvas
40 ⅛ x 33 ⅛ inches
Congregation for the Evangelization of Peoples,
Vatican City State

LOWER RIGHT:
Portrait of Mohamed Pulalu, Sultan of Jolo
Retrato de Mohamed Palalu, Sultán de Jolo
Unknown European Painter
1847
Oil on canvas
40 ⅛ x 33 ¼ inches
Congregation for the Evangelization of Peoples,
Vatican City State

Martyrdom of Lorenzo Ruiz and Companions

Martirio de Lorenzo Ruiz y Acompañantes

Rafael del Casal

1981

Oil on canvas

67 ¾ x 37 ¾ inches

Congregation for the Evangelization of Peoples, Vatican City State

Women Martyrs from Japan

Mujeres Mártires de Japón

Rafael del Casal

1981

Oil on canvas

67 ¾ x 37 ¾ inches

Congregation for the Evangelization of Peoples, Vatican City State

Douson Dyak and Ydaan Dyak
Douson Dyak y Ydaan Dyak
Unknown European Painter
After 1844
Oil on canvas
40 ⅛ x 33 ¼ inches
Congregation for the Evangelization
of Peoples, Vatican City State

Orang Sanguey and Orang Talaor
Orang Sanguey y Orang Talaor
Unknown European Painter
After 1847
Oil on canvas
37 ⅜ x 33 ⅞ inches
Congregation for the Evangelization
of Peoples, Vatican City State

Report of the Congo Civil War—Portrait of Kimpa Vite
Reporte de la Guerra Civil en Congo—Retrato de Kimpa Vite
Brother Bernardo Da Gallo, O.F.M.
1710
Paper
10 ⅝ x 14 ⅜ inches
Congregation for the Evangelization of Peoples, Vatican City State

Book in Tamil Language about
Saint Francis Xavier's Life
*Libro en Idioma Tamil sobre la Vida
de San Francisco Javier*
Ignacimuthu Mudaliyar
Early 17th century
Palm leaves, wood
4 ⅜ x 15 ⅝ x 1 ⅛ inches
Congregation for the Evangelization
of Peoples, Vatican City State

The Successors of Peter

Papal Portraiture

Los Sucesores de Pedro

Retratos Papales

Catholics believe that the line of popes can be traced back to the apostles of Jesus, particularly to Saint Peter, the first Pope. This doctrine is known as apostolic succession. With the election of Benedict XVI in 2005, 265 men have served as pope since Peter.

Over the centuries, papal portraits have documented and provided concrete evidence of this lineage; their existence reinforces the legitimacy of the papacy. To viewers of these public images, the current pope is the clear heir and successor to Saint Peter.

Over the 2,000 years of the papacy, artists have created a huge repertoire of papal portraits in a variety of media. Early pontiffs were portrayed in mosaics, frescoes, and on sarcophagi. In the Middle Ages, long before the invention of the printing press, Christians wanted pictures of the pope. The tradition of portraiture was begun by John VII (705–707) who commissioned images of himself for churches.

Later, popes became the subjects of paintings and sculptures, and, eventually, photographs. Today, unlimited images of the pope are available in magazines and books, on television, through the Internet, and reproduced on many different objects.

Our modern world has experienced some of the most dramatic events of history and the popes have not been passive spectators to these changes. They called councils in

Portrait of Saint Peter
Retrato de San Pedro
Raffaele Capo
19th century
Oil on Canvas
53 ¾ x 53 ¾ x ½ inches
The Reverenda Fabbrica of Saint Peter, Vatican City State

Los católicos consideran que la línea de los papas puede seguirse hasta los apóstoles de Jesús, particularmente a San Pedro, el primer Papa. Esta doctrina se conoce como sucesión apostólica. Con la elección de Benedicto XVI en 2005, 265 hombres han sido Papas desde Pedro.

Por siglos, los retratos papales han documentado y proporcionado concreta evidencia de su linaje; su existencia refuerza la legitimidad del papado. Para los observadores de estas imágenes públicas, el Papa actual es el evidente heredero y sucesor de San Pedro.

Por más de 2 mil años de papado, numerosos artistas han creado un inmenso repertorio de retratos papales a través de diversos medios. Los primeros pontífices fueron retratados en mosaicos, frescos y sobre sarcófagos. En la edad media, mucho antes de la invención de la imprenta, los cristianos querían pinturas del Papa. La tradición de los retratos empezó con Juan VII (705–707) quien encargó imágenes suyas para las iglesias.

Más adelante los papas se convirtieron en protagonistas de pinturas, esculturas y, eventualmente fotografías. Hoy día hay ilimitadas imágenes del Papa disponibles en revistas y libros, en televisión, a través de Internet y reproducido en diferentes objetos. Nuestro mundo moderno ha experimentado algunos de los más dramáticos eventos de la historia y los Papas no han sido espectadores pasivos de estos cambios. Han convocado concilios en la mitad de los siglos 19 y 20—Concilios Vaticanos

the middle years of the 19th and 20th centuries—Vatican Councils I and II—which aimed to reflect on emerging problems, evaluate them, and propose solutions. With their different personalities and approaches, the Popes have sought to create a more responsible relationship between the Church and the world.

This section includes images of popes throughout the centuries, including the first two popes of the new millennium, John Paul II (1978–2005) and Benedict XVI (2005–).

I y II—para reflexionar sobre los problemas que han surgido, evaluarlos y ofrecer soluciones. Con sus diferentes personalidades y estrategias, los Papas han buscado crear una relación más responsable entre la iglesia y el mundo.

Esta sección incluye imágenes de los Papas a través de los siglos, entre ellos los dos primeros Papas del nuevo milenio, Juan Pablo II (1978–2005) y Benedicto XVII (2005–).

Bust of Pope Innocent XI (1676–1689)
Busto del Papa Inocencio XI (1676–1689)
Attributed to Domenico Guidi (1628–1701)
17th century
Carrara marble
42 ⅛ x 29 ⅞ x 13 ¾ inches
Congregation for the Evangelization of Peoples, Vatican City State

Bust of Pope Alexander VIII (1689–1691)
Busto del Papa Alejandro VIII (1689–1691)
Attributed to Domenico Guidi [1628–1701]
17th century
Marble
42 ⅛ x 29 ⅞ x 13 ¾ inches
Congregation for the Evangelization of Peoples, Vatican City State

Bust of Pope Pius IX (1846–1878)
Busto del Papa Pío IX (1846–1878)
C. Guidi
19th century
Carrara marble
33 ⅛ x 28 ¾ x 13 ¾ inches
Congregation for the Evangelization of Peoples, Vatican City State

Bust of Pope Leo XIII (1878–1903)
Busto del Papa León XIII (1878–1903)
F. Matteini
19th century
Carrara marble
30 ¾ x 25 ¼ x 13 ¾ inches
Congregation for the Evangelization of Peoples, Vatican City State

141

The Fire at Saint Paul's Basilica

The Basilica of Saint Paul Outside the Walls was built in the fourth and fifth centuries. Unlike the old Saint Peter's, the original Saint Paul's survived into the nineteenth century. An impressive frieze of frescoes on public display represented the more than 250 popes that had held the pontifical office, a line stretching back all the way to Peter.

By the time of Pius VII (1800–1823), the frieze was completely full. On the night of June 15, 1823, the elderly pope lay fatally ill. At Saint Paul's, a carpenter forgot to extinguish some candles. Within hours the entire building, which had stood for 1,500 years, burned to the ground. The ailing pope died soon after, protected from news of the disaster.

Priceless treasures from the early Christian, Byzantine, Renaissance, and Baroque eras were lost in the fire at Saint Paul's. But 42 of the papal frescoes survived. A new basilica in the style of the ancient church was built on the site, and within 25 years, new mosaics of all the popes were created.

These portraits are four of the 42 surviving frescoes. Pietro Cavallini (~1240–1330), the painter of these frescoes, was one of the great Italian artists of the Middle Ages. Giotto was influenced by the naturalism of his style.

Fuego en la Basílica de San Pablo

La basílica de San Pablo afuera de las murallas fue construida en los siglos cuarto y quinto. A diferencia de la vieja basílica de San Pedro, la original de San Pablo sobrevivió hasta el siglo diecinueve. Un magnífico friso de frescos en exhibición pública representaba a más de 250 papas que estuvieron en la oficina pontificia, un linaje que se prolonga en el pasado hasta Pedro.

En la época de Pío VII (1800–1823), el friso estaba completamente lleno. En la noche de junio 15 de 1823, el Papa entrado en años estaba fatalmente enfermo. En la basílica de San Pablo, un carpintero olvidó apagar algunas velas. En apenas unas horas el edificio entero que había sobrevivido 1500 años, quedó totalmente destruido. El enfermo Papa falleció poco después sin saber del desastre.

Tesoros invaluables de los inicios del cristianismo, de los períodos Bizantino, el Renacimiento y el Barroco se perdieron en el incendio en la basílica de San Pablo. Sin embargo 42 de los frescos de los papas sobrevivieron. Una nueva basílica al estilo de las antiguas iglesias se construyó en el sitio y, en 25 años, se crearon nuevos mosaicos de los Papas.

Estos son 4 retratos de los 42 frescos. Pietro Cavallini (~1240–1330), el autor de estos frescos, fue uno de los grandes artistas de la edad media. Giotto fue influenciado por el naturalismo de su estilo.

INCENDIO DI S. PAOLO

OPPOSITE PAGE:
Fire of the Saint Paul
Basilica
*Incendio de la Basílica de
San Pablo*
Ascanio di Brianza (1793–1877)
1823
Lithograph
13 ¾ x 19 ¼ inches
Basilica of Saint Paul Outside
the Walls

Papal Portraits from Saint Paul Outside the Walls
Retratos Papeles de San Pablo Afuera de las Murallas

CLOCKWISE FROM TOP LEFT:
Anacletus (76–88), Sixtus I (115–125), Telesphorus (125–136), Hyginus (136–140)
Anacleto (76–88), Sixtus I (115–125), Telésforo (125–136), Higinio (136-140)
Pietro de Ceroni, known as Cavallini
~1277–1280
Fresco on cadorite
31 ½ x 31 ½ x 1 ⅛ inches
Basilica of Saint Paul Outside the Walls

Portrait of Saint Sylvester (314–335)
Retrato de San Silvestre (314–335)
Carlo Morelli
19th century
Oil on canvas
53 ¾ x 53 ¾ x 1 ⅜ inches
The Reverenda Fabbrica of Saint Peter, Vatican City State

Portrait of Pope Sixtus IV (1471–1484)
Retrato del Papa Sixto IV (1471–1484)
Raffaele Capo
19th century
Oil on canvas
53 ¾ x 53 ¾ x 1 ⅜ inches
The Reverenda Fabbrica of Saint Peter, Vatican City State

Portrait of Pope Pius XI (1922–1939)
Retrato del Papa Pío XI (1922–1939)
Unknown Artist from the Franciscan Missionary
Order of Mary
1925
Oil on canvas
52 ⅜ x 41 ⅞ inches
Congregation for the Evangelization of Peoples,
Vatican City State

Portrait of Pope Pius VII (1800–1823)
Retrato del Papa Pío VII (1800–1823)
Vincenzo Camuccini (1771–1844)
1814
Oil on canvas
23 ⅝ x 19 ¼ inches
Basilica of Saint Paul Outside the Walls

PORTRAIT OF SAINT PIUS X

A humble parish priest, and later bishop and patriarch, Pius X (1903–1914) was keenly sensitive to the pastoral grassroots of the church. The small room beside the Sistine Chapel is now named the Room of Tears because of his emotional reaction to his election. Pius was suspicious of modern scholarship applied to Church doctrine and history, and his papacy was a time of conflict within the Church. He was canonized in 1954, the last pope recognized as a saint. This dreamlike portrait was likely inspired by photographs.

RETRATO DE SAN PÍO X

Un humilde sacerdote de parroquia, y luego obispo y patriarca, Pío X (1903–1914) fue muy sensible a las raíces pastorales de la iglesia. La pequeña habitación al lado de la capilla Sixtina es conocida hoy día como el Cuarto de las Lágrimas debido a su reacción emocional cuando fue elegido. Pío desconfiaba de la moderna academia aplicada a la doctrina e historia de la iglesia y su papado coincidió con un período de conflictos internos en la iglesia. Fue canonizado en 1954, el más reciente Papa reconocido como santo. Este retrato como de ensueño, fue probablemente inspirado por fotografías.

Portrait of Saint Pius X (1903–1914)
Retrato de San Pío X
Anonymous
20th century
Oil on canvas
31 ⅞ x 27 ⅛ inches
Congregation for the Evangelization of Peoples, Vatican City State

Coat of Arms of Pope Benedict XV (1914–1922)
Escudo Heráldico del Papa Benedicto XV (1914–1922)
Apostolic Floreria
20th century
Wood
15 x 12 ⅝ inches
Apostolic Floreria, Vatican City State

Portrait of Pope Benedict XV (1914–1922)
Retrato del Papa Benedicto XV (1914–1922)
A. Zoffoli
Oil on canvas
46 ⅛ x 35 ⅞ inches
Congregation for the Evangelization of Peoples,
Vatican City State

147

PHOTOGRAPH OF POPE JOHN PAUL I

Arturo Mari, the Vatican's official photographer for 51 years, served under six pontiffs. His subjects included John Paul I, the "smiling pope," who died after only 33 days in office in 1978. "I photographed him in the garden while he walked along a path lined with cypress trees," Mari said. "The image of this man walking away with his back turned, looking back on it, it seemed to me to be prophetic."

FOTOGRAFÍA DEL PAPA JUAN PABLO I

Arturo Mari se desempeñó como fotógrafo oficial del Vaticano por 51 años y sirvió a seis pontífices. Su trabajo incluyó a Juan Pablo I, el "Papa sonriente" quien murió después de apenas 33 días de pontificado. "Lo fotografié en el jardín mientras caminaba por un sendero formado por cipreses", asegura Mari. "En retrospectiva, la imagen de este hombre caminando, alejándose de espaldas, me parece profética."

© L'Osservatore Romano

Photograph of Pope John Paul I (1978–1978)
Fotografía del Papa Juan Pablo I
Arturo Mari
1978
Print on Paper

Portrait of Pope Pius XII (1939–1958)
Retrato del Papa Pío XI (1939–1958)
Franciscan Missionary Sisters of Mary
20th century
Oil on canvas
60 ⅞ x 47 ¼ inches
Congregation for the Evangelization of Peoples,
Vatican City State

Bust of Madonna Belonging to Pope Pius XII
Busto de la Madona Propiedad del Papa Pío XIII
Artist unknown
1939
Painted plaster
20 ½ x 18 ⅞ x 10 ⅝ inches
Apostolic Floreria, Vatican City State

Art and the Contemporary Papacy

Arte y el Papado Contemporáneo

From its humble beginnings, the Vatican art collection now spans 4,500 years with objects from ancient Egypt and Assyria, through the European Renaissance and Baroque eras, to the present day. For hundreds of years, the Church has collected, sponsored, and conserved buildings, frescoes, paintings, sculptures, liturgical instruments, and other works.

On January 25, 1959, Pope John XXIII announced a meeting of bishops at the Vatican. Like the Council of Trent, Vatican II was to provide an opportunity for the Church to discuss and determine important issues of faith and morals, including its relationships with art and artists.

The Council began in 1962 and lasted for three years. Twenty-eight hundred bishops attended Vatican II, more than half from outside Europe. Four future popes attended, including John Paul II and Benedict XVI.

During Vatican II, the council fathers declared in the Constitution on Liturgy that "the art of our own days, coming from every race and region, shall also be given free scope in the Church, provided that it adorns the sacred buildings and holy rites with due reverence and honor."

They continued: "Remember that you [the artists] are the guardians of the

Cathedral of Amman: Given by the Latin Vicarship of Jordan
Catedral de Amán: Ofrecido por el Vicariato Latino de Jordania
2009
Mother of pearl
38 x 41 x 21 ¼ inches
Private Papal Storehouse, Vatican City State

Desde sus humildes inicios, la colección del Vaticano se expande ahora 4 mil 500 años con objetos del Viejo Egipto y Asiria, a través de la Europa del Renacimiento y el Barroco, hasta el presente. Por cientos de años, la iglesia ha coleccionado, patrocinado y preservado construcciones, frescos, pinturas, esculturas, instrumentos litúrgicos y otros trabajos.

El 25 de enero de 1959, el Papa Juan XXIII anunció una reunión de obispos en el Vaticano. De la misma manera que el Concilio de Trento, Vaticano II buscó proporcionar a la iglesia una oportunidad de discutir y determinar los asuntos importantes de la fe y la moral, incluyendo su relación con el arte y los artistas.

El concilio empezó en 1962 y duró tres años. Pablo VI (1963–78) sucedió a Juan quien murió en 1963. Dos mil ochocientos obispos participaron en Vaticano II, más de la mitad de afuera de Europa. Cuatro futuros Papas estuvieron presentes, incluyendo Juan Pablo II y Benedicto XVI.

Durante Vaticano II, los padres del consejo declararon durante la Constitución sobre la Liturgia, que "el arte de nuestros días, al venir de cada raza y región, debería tener también espacio en la iglesia dado que adorna los edificios sagrados y los rituales santos con la debida reverencia y respeto."

Y continuaron: "Recuerden que ustedes [los artistas] son los guardianes de la belleza

world's beauty…This world in which we live needs beauty to keep it from falling into despair. Beauty, like truth, instills joy into the hearts of men and it is the precious fruit which resists the wear of time, uniting generations and allowing them to communicate through the admiration of the work of art."

Today's Church is fully integrated into the global community, participating in discussions about many aspects of modern life, including art. In his 1999 *Letter to Artists,* Pope John Paul II emphasized this connection:

"Every genuine art form in its own way is a path to the inmost reality of man and of the world. It is therefore a wholly valid approach to the realm of faith, which gives human experience its ultimate meaning."

The Church's journey of faith and art continues today.

Coat of Arms of Pope Benedict XVI (2005–)
Escudo Heráldico del Papa Benedicto XVI (2005–)
Apostolic Floreria
21st century
Bronze
7 ⅜ x 5 ⅛ inches
Apostolic Floreria,
Vatican City State

del mundo … Este mundo en el que vivimos necesita de la belleza para no hundirse en la desesperanza. La belleza, como la verdad, trae gozo al corazón humano y es ese precioso fruto el que resiste la erosión del tiempo, el que une generaciones y les permite congregarse en admiración por el trabajo artístico."

La iglesia moderna está completamente integrada a la comunidad global a través de su participación en discusiones acerca de cualquier aspecto de la vida contemporánea, incluyendo el arte. En su *Carta a los artistas*, escrita en 1999, el Papa Juan Pablo II enfatizó esta conexión.

"Cada forma auténtica de arte es, en sí misma, un camino hacia la más íntima realidad del hombre y del mundo. Es por lo tanto un acercamiento completamente válido al reino de la fe, lo cual ofrece a la experiencia humana su significado definitivo."

El peregrinaje de la iglesia a través del arte y la fe continúa en el presente.

Madonna of the Angels
Madona de los Ángeles
Bartoli–Cornacchia, Ceramists of Faenza
2000
Painted pottery
39 x 31 ⅛ x 2 ⅜ inches
Private Collection, Vatican City State

Portrait of Pope John XXIII
(1958–1963)
Retrato del Papa Juan XXIII (1958–1963)
Franciscan Missionary Sisters of Mary
20th century
Oil on canvas
60 ⅝ x 46 ⅞ inches
Congregation for the Evangelization
of Peoples, Vatican City State

Portrait of Pope Paul VI
(1963–1978)
Retrato del Papa Pablo VI (1963–1978)
Franciscan Missionary Sisters of Mary
20th century
Oil on canvas
63 ⅜ x 50 ⅜ inches
Congregation for the Evangelization
of Peoples, Vatican City State

BUST OF POPE JOHN PAUL II

Pope John Paul II's reign of 27 years was the second-longest papacy in history. Such was the popularity of and love for this pope that in December 2009, Pope Benedict XVI began the process of beatification, bypassing the normal five-year waiting period required following a person's death.

John Paul II was himself an artist—a poet with many published works. In his 1999 *Letter to Artists,* he continued the Church's centuries-long dialogue with the arts by calling on contemporary artists to join with him in glorifying God with works of beauty.

BUSTO DEL PAPA JUAN PABLO II

El pontificado de 27 años de Juan Pablo II fue el segundo más largo en la historia de los papados. En diciembre de 2009, el Papa Benedicto XVI inició el proceso de beatificación, obviando el periodo de espera normal de cinco años exigido después de la muerte de una persona.

Juan Pablo II fue también un artista—un poeta con numerosos trabajos publicados. En su *Carta a los artistas* de 1999, continuó el diálogo que por siglos la iglesia ha tenido con los artistas, e hizo un llamado a artistas contemporáneos a unírsele para glorificar a Dios con trabajos de belleza.

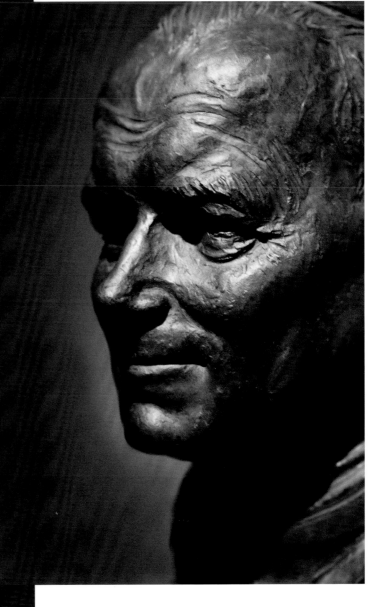

Bust of Pope John Paul II
Busto del Papa Juan Pablo II
Enrico Manfrini (1917–)
20th century
Bronze
15 ¾ x 11 ⅜ x 14 ⅛ inches
Private Collection, Vatican City State

The Hand of Pope John Paul II

Mano de Juan Pablo II

Pope John Paul II reached out to Christians around the world. He used the world stage to speak out against oppressive regimes, to work for unity among Christians, and to appeal to other faiths.

On arrival in a country, John Paul would kneel down, resting on his hands, and kiss the earth. This is the image of the pope that millions of people carry with them today. This cast of his hand symbolizes his act of love and respect, and his desire for dialogue and forgiveness.

Juan Pablo II intentó llegar a los cristianos de todo el mundo. Usó el escenario del mundo para hablar en contra de los regímenes opresores, para trabajar por la unidad entre cristianos, y atraer a otras creencias religiosas.

Al llegar a un país, Juan Pablo se arrodillaba, apoyando sus manos y besaba la tierra. Esta es la imagen del Papa que millones de personas llevan consigo hoy día. Este molde de su mano simboliza el acto de amor y respeto, y su deseo por el diálogo y el perdón.

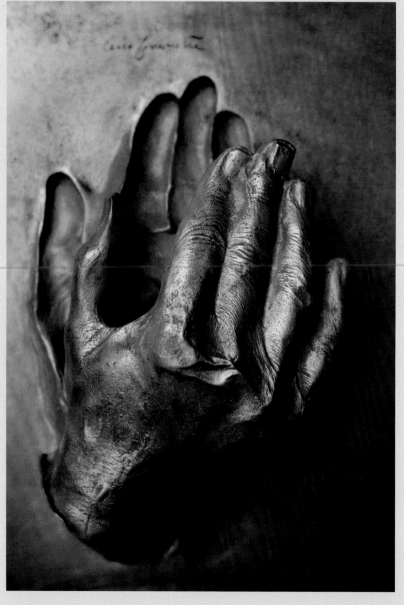

Cast of the Hand of Pope John Paul II
Molde de la Mano de Juan Pablo II
Cecco Bonanotte (1942–)
October 2002
Bronze
39 ⅜ x 39 ⅜ x 3 ⅞ inches
Private Collection,
Vatican City State

Mother of the Redeemer

John Paul II was a poet, with many published works. In this poem to the Virgin Mary, he expresses his hope for peace. This, in John Paul II's own handwriting, is his original, signed poem.

Ave, Mother of the Redeemer,
shining icon of the Church,
our mother and sister
along the way of the faith.

With you the unanimous hymn of laud
addressed to the Lord
rises from the Orient and the Occident.

The hope revives by you
beyond the finishing millennium
toward the new one that is coming.

Merciful, implore for us:
the Spirit of your Son,
the sapience of the heart,
days of peace.

Madre del Redentor

Juan Pablo II fue poeta y se le publicaron varios trabajos. En este poema a la virgen María expresa su esperanza en la paz. Este es un escrito original del mismo puño y letra de Juan Pablo II, con su firma.

Ave, Madre del redentor,
signo deslumbrante de la iglesia
nuestra madre y hermana
en el camino de la Fe.

Contigo el unánime himno de alabanza
dirigido al Señor
se eleva desde el oriente y el occidente.

La esperanza renace en ti
más allá del milenio que termina
hacia el nuevo que está llegando.

Misericordiosa, ruega por nosotros:
el espíritu de tu hijo
la sapiencia del corazón,
días de paz.

Salve, Madre del Redentore,
icona luminosa della Chiesa,
madre e sorella nostra
nel cammino di fede.

Con te ascende
da Oriente a Occidente
unanime, il cantico di lode
all'unico Signore.

Per te rinasce la speranza
oltre il millennio che chiude,
verso il nuovo che avanza.

Misericordiosa, supplica per noi:
lo Spirito del tuo Figlio,
la sapienza del cuore,
giorni di pace.

Joannes Paulus PP. II
15 agosto 1990, Solennità della Assunzione
della Beata Vergine Maria

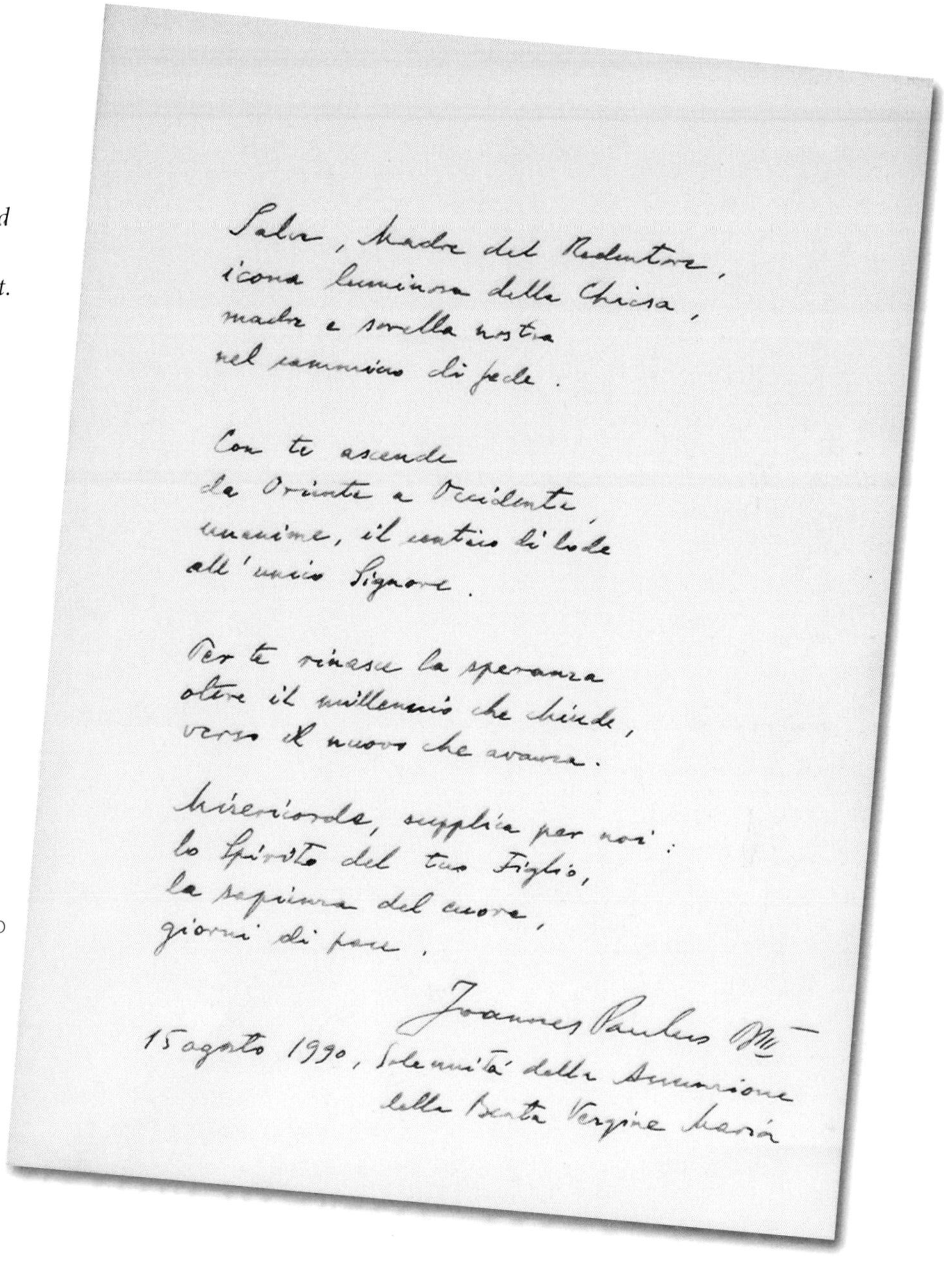

Handwritten Poetry of Pope John Paul II
Poema Manuscrito del Papa Juan Pablo II
Pope John Paul II
The Feast of the Assumption, August 15, 1990
Paper
11 ¾ x 7 ⅞ inches
Private Collection, Vatican City State

Portrait of Pope John Paul II
Retrato del Papa Juan Pablo II
Dina Bellotti (1911-2003)
20th century
Pastel on paper
31 ⅞ x 18 ⅛ x 1 ⅝ inches
Private Collection, Vatican City State

Portrait of Benedict XVI

In November 2009, to mark the 10th anniversary of John Paul II's *Letter to Artists,* Pope Benedict XVI convened a meeting in the Sistine Chapel. In attendance were 262 contemporary artists from around the world—painters, sculptors, architects, writers and poets, musicians, photographers, and artists in film, theater, and dance.

Echoing his predecessors' words, Benedict spoke of the power of beauty in art. "You are the custodians of beauty," he told the artists. "Thanks to your talent, you have the opportunity to speak to the heart of humanity.... Through your art, you yourselves are to be heralds and witnesses of hope for humanity!"

Retrato de Benedicto XVI

En noviembre de 2009, para conmemorar el 10 aniversario de la *Carta a los artistas* de Juan Pablo II, el Papa Benedicto XVI convocó a una reunión en la Capilla Sixtina. Asistieron 262 artistas contemporáneos de todo el mundo—pintores, escultores, arquitectos, escritores y poetas, músicos fotógrafos y artistas del cine, el teatro y la danza.

Haciendo eco de las palabras de su predecesor, Benedicto habló en su discurso sobre el poder de la belleza en el arte. "Ustedes son los guardianes de la belleza", les dijo a los artistas. "Gracias a su talento, tienen la oportunidad de hablarle al corazón de la humanidad. ... ¡A través de su arte ustedes mismos son los precursores y testigos de la esperanza de la humanidad!"

Portrait of Pope Benedict XVI
Retrato del Papa Benedicto XVI
Igor V. Babilov
2008
Oil on canvas
80 ¾ x 55 ⅞ inches
Private Papal Storehouse, Vatican City State

Altar—(Lat., ara) A table or structure where sacrifice is offered. In Christian worship the altar is generally found at the center of the sanctuary where the sacrificial act of the mass is celebrated. The altar is the symbol of Christ, the cornerstone upon which the Church is founded, and as such is venerated with a kiss and incense. In ancient basilicas there was only one altar, but over the centuries a proliferation of private masses and side chapels led to numerous altars in monasteries and churches.

Ancient Basilica—Also known as Constantine's Basilica, built in the 4th century, it was located directly over the tomb where Saint Peter was buried.

Antependium—A hanging suspended over and in front of the altar.

Apostolic Floreria—The office in charge of staging and decorations for papal celebrations and audiences.

Apostolic Palace—The official residence of the pope.

Apostolic See—This term refers not only to the Roman pontiff, but also the secretary of state, the council for public affairs of the church, and other institutions of the Roman curia.

Apostolic succession—Through the laying on of hands during the rite of episcopal ordination, the College of Bishops continues from Saint Peter to the present.

Apse—A semicircular or semipolygonal section at the rear of a church in which the nave and sometimes also the aisles terminate.

Atrium—In its earliest meaning, the atrium referred to the vestibule or entry of a Roman or Greek house. Today it refers to the first or principal entry, internal or external, of a building, usually decorated or flanked by columns. The atrium in Saint Peter's, for example, is the broad, open area between the façade—the main front or face of the building—and the actual entrance.

Baldachin—(also baldachino, baldacchino, baldaquin) Technically, a canopy of fabric over an altar or throne. A canopy resting directly on four columns made of wood, stone, marble, or metal is more properly termed a ciborium. Liturgically, the baldachin symbolizes the tent that covers, protects, and embellishes, and is a direct reference to John's Gospel, which refers to the Word made flesh and his "tent" dwelling among us (Jn 1:14).

Baptistery—A Christian building on a central plan devised for celebrating the rite of baptism, originally built alongside the Early Christian and Romanesque basilicas; later, the baptismal font was included within the church itself.

Baroque—An early modern style of art and architecture which followed upon the Renaissance and was prevalent in Roman Catholic countries.

Basilica—Originally a term for a ceremonial or judicial hall. Emperor Constantine used the basilica prototype in the fourth century for church buildings. A basilica always had a forecourt, with trees and a fountain, and a colonnade, or loggia, enclosing it. The great hall was attached to the loggia. There are two types: the major basilicas in Rome, including Saint Peter in the Vatican, Saint Paul Outside the Walls, Saint John Lateran, Saint Mary Major, Saint Lawrence Outside-the-Walls, and Saint Sebastian, as well as the Basilica of the Holy Cross in Jerusalem; and the minor basilicas, which are other papal churches found in Rome and throughout the world.

Bas-relief—(also bassorilievo) A carving, embossing, or casting moderately protruded from the background plane.

Beatification—Official papal recognition of a deceased Christian of heroic virtue as someone fit for eventual consideration as a saint. Such a man or woman is called a "blessed" and is allowed limited religious veneration.

Bells—The use of bells in the church can be traced to the 6th century. Bells have often been called the vox Dei, or voice of God, because they call the faithful to worship. Their Latin name, campana, would indicate their origin in the Campania region of southern Italy.

Biretta—A square cap with three ridges or peaks. The biretta is often distinguished by color red for a cardinal, violet for a bishop, and black for a cleric.

Bishop—(Gr., episkopos) A priest who enjoys the "fullness of the sacrament of holy orders" by his consecration to the episcopate. The bishop's function is to teach, lead, and sanctify. Diocesan bishops are the overseers of their territory in liturgical, theological, canonical, and administrative matters. Through ordinarion bishops become a member of the College of Bishops, the head of which is the bishop of Rome, the pope.

Bull—From the Latin bulla, meaning seal. Bulls, or bullas, refer to the lead or wax seal that was formerly affixed to important church documents. By extension, this has come to mean the papal or apostolic document. A Bullarium is a collection of papal bulls.

Byzantine—A term describing the Greek Orthodox Church and the former Eastern Roman Empire centered in Constantinople (modern Istanbul). Byzantine art emphasized stylized figures based on Christian themes and executed in rich colors, especially with gold backgrounds, and an architectural style that included round arches, domes, mosaics, and church floor plans in the shape of a Greek cross with four equidistant arms.

Burse—A receptacle, often ornately decorated, for the corporal and paten when they are not in use prior to the mass. In the 16th century it took the form of a square with one open side or pocket.

Calipers—Measuring instruments having two usually adjustable arms, legs, or jaws used especially to measure diameter or thickness.

Canonization—A papal declaration that a deceased Christian is a saint in heaven and is to be venerated by the Universal Church as such.

Canons—A body of diocesan priests responsible for the spiritual and temporal concerns of a local cathedral. Canons continue in major basilicas throughout Rome and gather daily for the celebration of the Liturgy of the Hours.

Cardinal—Following that of pope, the title of cardinal is the highest dignity in the Roman Catholic Church and was recognized as early as the pontificate of Sylvester I in the 4th century, where it describes bishops, priests, and deacons who fulfilled special liturgical and charitable services for the pope. Rooted in the Latin word cardo, meaning "hinge," cardinals are created by a decree of the Roman pontiff and are chosen to serve as his principal collaborators and assistants. Today cardinal is an honorific title and not one of the three ordained orders (deacon, priest, and bishop). Normally only bishops are named as cardinals.

Catechism—A book for instruction in the teachings of the Church for the faithful and those preparing for initiation into the Christian community.

Cathedra—From the Latin cathedra, meaning "chair," this refers to both the seat of the bishop who governs the diocese, and thus symbolizes his teaching authority, and to the church, or cathedral, in which the bishop celebrates the principal liturgical ceremonies in his diocese.

Cathedral—A church that serves as the seat of the local bishop, wherein his teaching authority exists.

Chasuble—A chasuble is worn when officiating Mass. It originated during the time of the Roman Empire, when it was common formal wear. Its shape has varied over the centuries.

Chirograph—A formal message in the pope's own handwriting.

Ciborium—A canopy of stone, wood, or marble supported on four columns over an altar, or the chalice-like vessel or bowl that contains the Host used in the liturgical celebration of mass.

College of Cardinals—The cardinals of the Holy Roman Church collectively constitute the college of electors and chief assistants of the pope. The pope appoints bishops (with occasional exceptions) to the college, most of whom are the heads of their own dioceses and archdioceses. The college of cardinals meets with the pope at ordinary and extraordinary consistories to provide consultation. According to current practice, after the pope's death all cardinals under the age of 80 gather to elect a new pope. In the 11th century the practice began of appointing cardinals from ministries outside of Rome. In 1059 Pope Nicholas II designated the cardinals as the representative body of the Roman Church in the election of a pope. The practice continues today.

Conclave—The meeting of all cardinals who are eligible to vote for a new pope. The word is derived from the Latin con (with) and clavis (key), and refers to the fact that the meeting of cardinal electors takes place behind locked doors.

Consistory—Assembly of the college of cardinals.

Clergy—Ordained ministers of the church who are constituted in a hierarchy of Holy Orders beginning from deacon and advancing to priest and finally to bishop.

Congregation for the Evangelization of Peoples—Formerly known as the Congregation for the Propagation of Faith, it is the Vatican office that, since 1622, has had the responsibility of encouraging missionary activity throughout the world. Its archives are among the most important in the world, and the documents conserved there are fundamental to the understanding of the histories of people from all over the world.

Consecration—Consecration, in general, is an act by which a thing is separated from a common and profane to a sacred use, or by which a person or thing is dedicated to the service and worship of God by prayers, rites, and ceremonies. In the Catholic Church, it is the act of an ordained priest speaking the Words of Institution (Verba Domini) over the bread and the wine at Mass.

Cope—A ceremonial version of an outdoor cloak commonly worn in the Roman Empire. It is a semicircular cloth worn over the shoulders and held together with a clasp. The cope and clasp (morse) are often decorated and generally worn by officiating prelates or clerics at noneucharistic celebrations such as baptisms, weddings, or the Liturgy of the Hours.

Council—A gathering of bishops for the purposes of examination and deliberation of matters of doctrine and practice. The Catholic Church counts 21 ecumenical or universal councils from the Council of Jerusalem recorded in the New Testament to the Second Vatican Council (1962–1965).

161

Council of Trent—An ecumenical council in Trent, Italy, convened by Pope Paul III (1534–1549) attended by bishops who remained in communion with Rome, to discuss and determine Church doctrine and practice. The council met in 25 sessions, over the course of 18 years (1545–1563).

Cruets—Small pitcher-like vessels that contain water or wine at Mass.

Crypt—A chamber usually below the main floor of a church housing the relics of the titular saint, or the tombs of bishops and other illustrious persons.

Cupola—A rounded vault resting on a usually circular base and forming a roof or a ceiling.

Doctrine—A principle or position or the body of principles in a branch of knowledge or system of belief.

Dogma—A definitive, or infallible, teaching of the church. The promulgation of a dogma is the prerogative of "the Pope and to the bishops in communion with him" (Catechism of the Catholic Church, 100) working in concert. An ecumenical council, including the pope, or of the pope acting as earthly head of the Church, apart from a council.

Dogma of the Immaculate—Conception Dogma officially promulgated by Pope Pius IX in 1854 that states the Blessed Virgin Mary was free from original sin from the first instant of her existence. This teaching is commemorated on December 8, the liturgical feast day.

Episcopal College—The body of bishops, headed by the pope, who are successors of the apostles in teaching and pastoral jurisdiction in the church. Membership is through sacred ordination to the episcopate. The college exercises supreme authority in the church when it acts in an ecumenical council or by collegial action by the bishops in union with the pope.

Ecclesiastical—Of or relating to a church especially as an established institution.

Fabbrica of Saint Peter—The Vatican commission that oversees the maintenance of the Basilica of Saint Peter.

Facade—Any face of a building given special architectural treatment.

Faldstool—A movable folding chair used in pontifical functions by the bishop outside of his cathedral, or within it if he is not at his throne or cathedra.

Filarete Doors—Created over 12 years, bronze central doors for the old Saint Peter's Basilica in Rome, cast by Antonio di Pietro Averlino (c. 1400–c. 1469), dubbed Filarete (Greek "lover of virtue"), a Florentine architect and sculptor. Filarete's doors were preserved when Old Saint Peter's was demolished and reinstalled in the new Saint Peter's Basilica.

First Vatican Counci—The ecumenical council that met from December 1869 to October 1870 in Saint Peter's Basilica. It was called by Pope Saint Pius IX and it approved two dogmatic constitutions: Dei Filius, regarding the relationship of faith and reason, and Pastor Aeternus, on the papacy's juridical primacy and on the infallibility of the pope.

Fisherman's ring—The papal ring having a setting cut to serve as an official seal. It is no longer worn by the pope but is in the custody of the prefect of the Papal Household. Its image shows the apostle Peter standing in a boat casting a net.

Fresco—A wall painting executed in a technique by which the pigments are applied to the surface of the fresh plaster (intonaco) while it is still moist.

Gilded Wood—Wood overlaid with or as if with a thin covering of gold.

Greek Cross—A cross with four equal arms.

Halberdier—A person, usually a soldier, who holds a halberd, a weapon of the 15th and 16th centuries having an ax-like blade and a steel spike mounted on the end of a long shaft. It is associated with uniform of the Papal Swiss Guard.

Holy door—A walled-up door, actually a double door, found in each of the four major Roman basilicas to be visited by pilgrims during a holy year. The cemented or walled-up portion is on the inside of the church, and it is this part that is dismantled to allow the outer door to be opened, generally on Christmas Eve, for a holy year.

Holy See—A see refers to the place from which a bishop governs his diocese, namely, the specific geographical territory over which he has the pastoral care of Catholics. The Holy See, sometimes called the Apostolic See, is the see of Peter, the bishop of Rome, who is the pope. Holy See, referring to the primacy of the pope, denotes the moral and spiritual authority exercised by the pontiff through the central government of the church, the curia.

Holy Year—A period decreed by the pope for the universal church, during which the faithful may acquire plenary indulgences by fulfilling certain conditions established by the church. A holy year begins on the Christmas Eve preceding the start of the year.

Host—A term for the Eucharistic bread. For Catholics, the host on the paten and the wine in the chalice become the body and blood of Jesus through the priest's words of consecration.

Investiture Controversy—This late 11th- and early 12th-century debate focused on the question of the separation of church and state. In the early Middle Ages lay lords often chose candidates for the episcopacy. In 1075, Pope Gregory VII forbade lay investiture and excommunicated the Emperor Henry IV, who subsequently drove the pope from Rome and placed his own candidate on the papal throne. At the Diet of Worms in 1122 the Emperor Henry V gave up the right to appoint

bishops, but retained the right to receive the homage of bishops in exchange for land holdings.

Icon—A sacred image. Icons, like the saints that they most often represent, are proper subjects of veneration. Iconography is the study of icons.

Jubilee—A biblical term, from the Hebrew word jobhel, or ram's horn. A jubilee is the celebration of an anniversary, a period of rejoicing. They are pre-eminent religious occasions and periods of great grace: times for the forgiveness of sins and punishment due to sin, for reconciliation between man and God and man and man.

Laity—The baptized faithful understood as the people of God. The term normally distinguishes the large mass of the ordinary faithful from the ordained clergy (bishops, priests, and deacons).

Latin Cross—A cross with a longer descending arm, representing the cross of Jesus' crucifixion.

Lavabo—The first word of that portion of Psalm 25 said by the celebrant at Mass while he washes his hands after the Offertory, from which word the whole ceremony is named.

Liturgy—Rites and ceremonies prescribed by the Church for communal worship.

Loggia—An open-sided, arcaded structure with columns, occupying either the ground story (portico) or an upper story (gallery) of a building.

Martyr—Originally a word meaning a witness to the faith, it came to mean someone whose witness is given at the cost of his or her life. Martyrdom refers to the act of someone losing their life for the faith.

Mozzetta—A short, usually elbow-length cape that encircles a prelate. It has an upright collar and fastens with twelve silk-covered buttons that traditionally represent the twelve apostles. Usually of a light wool (merlino) and silk, it is worn by all bishops when vested in choir; only the pope wears one of velvet. The mozzetta is currently reserved for the episcopal dignity and certain other clerics and is also worn by chaplains of the Equestrian Order of the Holy Sepulcher and the Order of Malta.

Mass—The central liturgy of the Catholic Church consisting of the celebration and preaching of the Word followed by the solemn offering of thanksgiving (Eucharist) in which bread and wine become the body and blood of Christ to be received by the faithful. The name is the derived from the final words of the celebrant in Latin, ite, missa est ("Go, having been sent").

Micromosaic—Mosaics that use particularly small pieces of glass or enamel-type material to create small images.

Missal—A book containing all the texts for Mass for a whole year.

Nave—Architecturally the central, open space of a church, west of the choir or chancel, and formerly separated by a low wall or screen. It is, in general terms, the part of the church where the laity congregate.

Necropolis—A cemetery. The ancient Vatican Necropolis buried underneath the Basilica of Saint Peter is also referred to as the Scavi ("Excavations").

Oratory—A place of prayer, or a structure other than a parish church, set aside by ecclesiastical authority for prayer and the celebration of Mass.

Ostia Magna—A round metal container which holds unconsecrated hosts used for the Mass.

Paten—The small plate used during Mass to hold the consecrated wafers or host.

Pilgrim—A pilgrim is one who undertakes a pilgrimage, that is, a journey to a sacred place, as an act of religious devotion. It may be to venerate a holy place, a relic, or other object of devotion; to do penance; to offer thanksgiving for a favor received or to ask for such a favor; or any combination of these. A pilgrimage is symbolic of our earthly existence, that is, our journey to the heavenly kingdom.

Polychrome Mosaic—Mosaic made with or decorated in several colors.

Pope—The bishop of Rome or Roman pontiff. When, upon the death of a pope, the College of Cardinals enters into conclave to elect his successor, they do not elect the pope but, rather, the bishop of Rome, who, by virtue of that office is pope. Canon 331 of the Code of Canon Law states: "The bishop of the Church of Rome, in whom resides the office given in a special way by the Lord to Peter, first of the Apostles and to be transmitted to his successors, is head of the college of bishops, the Vicar of Christ and Pastor of the Universal Church on earth; therefore, in virtue of his office he enjoys supreme, full, immediate and universal ordinary power in the Church, which he can always freely exercise."

Relics—(cult of) The veneration of the mortal remains of the saints, or the clothing or objects that once belonged to them. The scope and justification of such veneration is to proclaim the wonders of Christ and provide the faithful with an example to emulate.

Reliquary—A container that stores and displays the bones and other remains of the saints. It is usually made of gold or silver and encrusted with gems to signify that saints are more precious than any material object.

Tabernacle—A case or box on a church altar containing the consecrated host and wine of the Eucharist. Through the centuries, these receptacles have assumed various forms, including towers, caskets, doves, or niches carved out of walls; they usually have a closing hatch or door. The 15th century saw the introduction of tabernacles built in the form of little

temples, and in the following century they found their place on the altar.

Renaissance—The transitional movement in Europe between medieval and modern times beginning in the 14th century in Italy, lasting into the 17th century, and marked by a humanistic revival of classical influence expressed in a flowering of the arts and literature and by the beginnings of modern science.

Renaissance Basilica—The Basilica of Saint Peter's built on the site of the Ancient Basilica, begun in 1506 by Pope Julius II (1503–1513) and whose construction lasted 126 years, spanning 21 papacies.

Sarcophagus—A stone coffin, literally, a "flesh-eater."

Scavi—(archeological excavation) The ancient Vatican Necropolis buried underneath the Basilica of Saint Peter.

Second Vatican Council—On January 25, 1959, Pope John XXIII announced an ecumenical council to be held at the Vatican to provide an opportunity for the Church to discuss and determine important issues of faith and morals, including its relationships with art and artists.

Sepulcher—A place of burial, or a receptacle for religious relics especially in an altar.

Stereotype—A metal printing plate.

Swiss Guard—The Papal Swiss Guard was founded in 1506 by Pope Julius II. Currently numbering about 110, it helps protect the pope, guards the entrances to Vatican City and the Apostolic Palace, where the pope lives, and performs honor guard duties at Vatican ceremonies. The guard is noted for its colorful vestments: yellow-and-blue striped uniforms and helmets with red, purple or white plumes.

Tondi—Circular paintings or sculptured medallions.

Transept—The transverse part of a church intersecting the nave at right angles and giving the plan its cross shape.

Tridentine—Of or relating to the church council held at Trent from 1545 to 1563 or its decrees.

Urn—A vessel that is typically an ornamental vase on a pedestal used for various purposes (such as preserving the ashes of the dead after cremation).

Vatican Grottoes—Positioned just below the Renaissance basilica and above Constantine's 4th-century basilica, the grottoes contain chapels dedicated to various saints and tombs of kings, queens and popes, dating from the 10th century, including the tomb of Saint Peter.

Veneration—Respect or awe inspired by the dignity, wisdom, dedication, or talent of a person. In Catholic and Orthodox teaching, it is a term that distinguishes the honor given to saints in distinction to the honor given to God alone, which is called adoration.

Votive—Consisting of or expressing a vow, wish, or desire. The related expression, ex voto, means "from the vow" and refers to an offering left at a shrine in supplication for aid or in thanksgiving for favors already received.

Glosario

Ábside—Sección semicircular o semipoligonal ubicada en la parte posterior de una iglesia donde termina la nave y algunas veces los pasillos.

Alabardero—Individuo, por lo general un soldado, que sostiene una alabarda, un arma de los siglos 15 y 16 que tiene una hoja en forma de hacha y una punta montada al final de un asta prolongada. Se asocia con el uniforme de la Guardia Papal Suiza.

Altar—(Lat., ara) Una mesa o estructura donde se ofrecen sacrificios. En la adoración cristiana, el altar generalmente se encuentra en el centro del santuario donde se celebra el acto sacramental de la misa. El altar es el símbolo de Cristo, la piedra angular sobre la cual está fundada la iglesia, y como tal es venerado con un beso e incienso. En las antiguas basílicas sólo había un altar, pero con el pasar de los siglos, la proliferación de misas privadas y capillas adicionales han significado la presencia de numerosos altares en monasterios e iglesias.

Anillo del pescador—Anillo papal con forma de sello oficial. Ya no es usado por el Papa pero está bajo la custodia del prefecto de la administración papal. Su imagen muestra al apóstol Pedro parado en el bote mientras recoge las redes.

Año santo Jubileo—o Año Jubilar, es un período decretado por el Papa para la iglesia universal durante el cual los fieles pueden obtener ciertas condiciones establecidas por la iglesia. El año santo empieza la noche de Navidad que precede al inicio del año.

Antigua Basílica—También conocida como la Basílica de Constantino, construida en el siglo 4, estaba ubicada exactamente encima de la tumba donde fue enterrado San Pedro.

Antipendio—Colgadura ubicada encima y al frente del altar.

Atrio—En su significado inicial, el atrio se refería al vestíbulo o entrada de una casa griega o romana. Hoy día se le llama atrio a la primera entrada o entrada principal, interna o externa, de un edifico usualmente decorado o con columnas a los lados. El atrio de San Pedro, por ejemplo, es el área amplia y abierta entre la fachada—el frente principal o cara del edificio—y la entrada real.

Bajorelieve—Un tallado, repujado o fundido moderadamente resaltado -o protuberante- de la superficie sobre la que se realiza.

Baldaquín—(también baldaquino, dosel) Técnicamente, un dosel o tela sobre el altar o trono. Un dosel que descansa directamente sobre cuatro columnas hechas de madera, piedra, mármol o metal más conocido como ciborio. Litúrgicamente, el baldaquín simboliza la carpa que cubre, protege y adorna, y es una referencia directa al evangelio de Juan que se refiere a la palabra hecha carne y la "carpa" o "tienda" una vivienda entre nosotros (Jn 1:14).

Baptisterio—o Bautisterio Una construcción Cristiana de plano central diseñada para celebrar el rito del bautismo, construida originalmente al lado de la primeras basílicas Cristianas y Romanescas. Luego la fuente bautismal fue integrada a la iglesia misma.

Barroco—Un estilo artístico y arquitectónico de principios del modernismo que siguió al Renacimiento y predominó en países Católicos Romanos.

Basílica del Renacimiento—La Basílica de San Pedro construida en el lugar de la Antigua Basílica fue iniciada en 1506 por el Papa Julio II (1503–1513) y su construcción duró 126 años y se extendió por 26 papados.

Basílica—Originalmente el término usado para un pasillo ceremonia o judicial. El emperador Constantino usó el prototipo de la basílica para construcciones de iglesias en el siglo cuarto. Una basílica siempre tiene un ante patio, con árboles y una fuente, y un pórtico de columnas alrededor. El gran pasillo fue anexado a la galería. Hay dos tipos: La basílicas mayores, en Roma, incluyendo la de San Pedro en el Vaticano, la de San Pablo Extramuros, San Juan de Letrán, Santa María la Mayor, San Lorenzo Extramuros y San Sebastián, así como la Basílica de la Santa Cruz en Jerusalén, y las basílicas menores que son otras importantes también en Roma, y por todo el mundo.

Beatificación—Es el reconocimiento oficial Papal de un cristiano fallecido cuyas virtudes heroicas lo califican para una eventual consideración de ser santificado. Dicho hombre o mujer es llamado "beato" y se permite dedicarle una limitada veneración religiosa.

Birrete—o bonete Un gorro cuadrado con tres pliegues o picos. El birrete de los cardenales se distingue por su color rojo, violeta el del obispo y negro el del clérigo.

Bizantino—Término que describe a la Iglesia Ortodoxa Griega y al antiguo Imperio Romano de Oriente centrado en Constantinopla (hoy Estambul). El arte Bizantino enfatiza en las figuras estilizadas basadas en temas cristianos y realizadas en ricos colores, especialmente con fondos dorados, y un estilo arquitectónico que incluía arcos de medio punto, mosaicos y planos de las iglesias en forma de la cruz Griega con cuatro brazos equidistantes.

Bolsa—o cubierta Un receptáculo, a menudo vistosamente decorado, para guardar el corporal y la patena cuando no están en uso antes de la misa. En el siglo 16 tomó la forma de un cuadrado con un lado abierto o funda.

Bula—Del latín bulla, que significa sello. Las bulas se refieren al sello de plomo o cera que anteriormente para pegar documentos importantes de la iglesia. Por extensión el término se ha convertido en el documento papal o apostólico. Un bullarium es una colección de bulas papales.

Calibrador—Instrumento de medición usualmente con dos brazos, patas o agarraderas ajustables, usadas especialmente para medir el diámetro o el espesor.

Campanas—El uso de campanas en la iglesia puede remontarse al siglo sexto. Las campanas a menudo han sido la vox Dei, o voz de Dios, porque llaman a los fieles a la adoración. Su nombre latino, campana, indica su origen en la región de Campania, al sur de Italia.

Canónigos—El grupo de sacerdotes diocesanos responsables de las inquietudes temporales y espirituales de una catedral local. Los canónigos continúan en las basílicas mayores en Roma y se reúnen diariamente para la celebración de la Liturgia de las Horas.

Canonización—Declaración papal según la cuál un cristiano fallecido es santo en el cielo y como tal debe ser venerado por la Iglesia Universal.

Capa o mozzeta—Una capa corta, usualmente hasta la altura del codo, que usan los prelados. Tiene un cuello vertical y se ajusta con 12 botones cubiertos en seda que tradicionalmente representan a los doce apóstoles. Por lo general hecha de lana ligera (merlino) y seda, es usada por todos los obispos cuando participan en el coro. Sólo el Papa usa una de terciopelo. La mozzetta está reservada para la dignidad episcopal y otros clérigos, y es usada también por los capellanes de la Orden Ecuestre del Santo Sepulcro y la Orden de Malta.

Capa—Versión ceremonial del manto usado habitualmente durante el Imperio Romano. Es una pieza de tela semicircular que se pone sobre los hombros y se sujeta con un broche. Por lo general la capa y el broche son decorados y lo utilizan prelados en ejercicio o clérigos en celebraciones no eucarísticas como bautizos, bodas o la Liturgia de las Horas.

Cardenal—Después del Papa, el título de Cardenal es el de más alta dignidad en La Iglesia Católica y fue reconocido desde muy temprano, en el pontificado de Silvestre I en el siglo cuarto donde describe obispos, sacerdotes y diáconos quienes han cumplido con servicios espciales y caritativos para el Papa. Proveniente de la raíz latina cardo que significa "bisagra" o "juntura", los cardenales son elegidos por decreto del pontificio Romano y son elegidos para servir como sus principales colaboradores y asistentes. El Cardenal es hoy día un título honorario, no de ordenación (como diáconos, sacerdotes u obispos). Sólo los obispos pueden ser nombrados Cardenales.

Casulla—La casulla es usada para oficiar la misa. Sus orígenes se remontan a los tiempos del Imperio Romano, cuando era comúnmente usada como prenda de vestir formal. Su forma ha variado al pasar de los siglos.

Catecismo—Libro para instruir a los fieles, y aquellos que se preparan para su iniciación en la vida cristiana, en las enseñanzas de la iglesia.

Cátedra—o silla magisterial Proviene el latín cathedra, que significa "silla", el término se refiere tanto a la silla del obispo que gobierna la diócesis—y por lo tanto simboliza su autoridad docente—, como a la iglesia donde el obispo celebra las ceremonias litúrgicas más importantes de su Diócesis.

Catedral—Una iglesia que sirve como sede del obispo local donde existe su autoridad docente.

Ciborio—Un dosel o baldaquín de piedra, madera o mármol soportado por cuatro columnas sobre un altar o la vasija en forma cáliz que contiene la hostia usada en la celebración litúrgica de la misa.

Clérigo—Ministros ordenados de la iglesia y que constituyen una jerarquía de Orden Santa, empezando por el diácono, pasando por sacerdote y finalmente obispo.

Colegio de Cardenales—o Colegio Cardenalicio Los cardenales de la Santa Iglesia Católica constituyen colectivamente el colegio de electores y asistentes principales del Papa. El Papa designa los obispos del colegio (con contadas excepciones), quienes son en su mayoría directores de sus propias diócesis o arquidiócesis. El Colegio de Cardenales se reúne con el Papa en consejos (consistorios) ordinarios y extraordinarios para realizar consultas. Según la práctica actual, luego de la muerte del Papa todos los cardenales menores de ochenta años se reúnen para elegir a un nuevo Papa. En el siglo once se inició la costumbre de designar a los cardenales ministros fuera de Roma. En 1059 el Papa Nicolás II nombró a los cardenales cuerpo representativo de la Iglesia Romana en la elección del Papa. La práctica sigue hasta nuestros días.

Colegio Episcopal—El cuerpo de obispos, encabezado por el Papa, representa a los sucesores de los apóstoles en la enseñanza y jurisdicción pastoral de la iglesia. Se hacen miembros a través de la sagrada ordenación del episcopado. El colegio ejerce la suprema autoridad de la iglesia cuando participa en un consejo ecuménico o por acción colegial de los obispos en unión con el Papa.

Concilio de Trento—Un concilio ecuménico realizado en Trento, Italia, convocado por el Papa Pablo III (1534–1549) al cual asistieron obispos que estaban en comunión con Roma, para discutir y determinar la doctrina y la práctica de la Iglesia. El concilio se reunió en veinticinco sesiones a lo largo de ocho años (1545–1563).

Concilio Vaticano Segundo—El 25 de enero de 1959, el Papa Juan XXIII anunció un concilio ecuménico que tendría lugar en el Vaticano con el fin de ofrecer una oportunidad a la iglesia de discutir y determinar asuntos importantes de la fe y la moral, incluyendo su relación con el arte y los artistas.

Concilio—Una reunión de obispos con el propósito de examinar y deliberar acerca de asuntos relacionados con la doctrina y LA práctica. La Iglesia Católica cuenta veintiún concilios ecuménicos o universales desde el Concilio de Jerusalén registrado en el nuevo testamento, hasta el Concilio Vaticano Segundo (1962–1965).

Cónclave—La reunión de todos los cardenales que son elegibles para votar por un nuevo papa. La palabra se deriva del latín con (con) y clavis (llave), y se refiere al hecho de que la reunión de los cardenales electores se realiza a puerta cerrada y con seguro.

Congregación para la Evangelización de los Pueblos—Anteriormente conocida como la Congregación para la Propagación de la Fe es, desde 1622, la oficina del Vaticano que ha tenido la responsabilidad de impulsar las actividades misioneras por todo el mundo. Sus archivos están considerados entre los más importantes del mundo, y los documentos que allí se conservan son fundamentales para el entendimiento de la historia de pueblos de todo el mundo.

Consagración—La consagración es, en general, un acto a través del cual algo deja de ser común y profano para tener un uso sagrado; o una acción por la cual una persona u objeto es dedicada al servicio de la adoración a Dios a través de oraciones, rituales y ceremonias. En la Iglesia Católica, se considera el acto de un sacerdote ordenado usando las Palabras de la Institución (Verba Domini) sobre el pan y el vino durante la misa.

Consistorio Asamblea—del colegio de cardenales.

Cripta—Cámara o habitación ubicada normalmente debajo del piso principal de una iglesia, donde se guardan las reliquias del santo titular, o las tumbas de obispos y otros personajes ilustres.

Cruz Griega—Cruz con cuatro extremos iguales.

Cruz Latina—Una cruz con el extremos descendiente más largo, representando la cruz de la crucifixión de Jesús.

Cúpula—Una bóveda redonda, usualmente sobre una base circular y que da forma a un techo.

Doctrina—Un principio o postura; o el cuerpo de principios en una rama del conocimiento o sistema de creencias.

Dogma de la Inmaculada Concepción—Dogma declarado oficialmente por el Papa Pío IX en 1854, el cual establece que la bendita Virgen María estaba libre de pecado original desde el primer instante de su existencia. Esta enseñanza es conmemorada el 8 de diciembre, el día de fiesta litúrgico.

Dogma—Una enseñanza definitiva o infalible de la iglesia. La declaración de un dogma es privilegio "del Papa y de los obispos en comunión con él" (Catecismo de la Iglesia Católica, 100). Un concilio ecuménico, incluyendo al Papa o del Papa actuando como cabeza terrenal de la iglesia, aparte de un consejo.

Eclesiástico—Relativo a la iglesia, especialmente como una institución establecida.

Estereotipo—Plato metálico para imprenta.

Fabrica de San Pedro—Comisión del Vaticano que supervisa el mantenimiento de la Basílica de San Pedro.

Fachada—Cualquier porción de un edificio que ha recibido un tratamiento arquitectónico especial.

Faldistorio—Silla plegable y movible usada en ceremonias pontificias cuando el obispo está afuera de su catedral o, si oficiando en ella, no está en su trono o cátedra.

Florería Apostólica—La oficina encargada del montaje y decoración de las celebraciones papales y las audiencias.

Fresco—Pintura sobre una pared o muro realizada usando una técnica en la cual los pigmentos son aplicados sobre la superficie del emplaste (intonaco o revoque), o masilla mientras esta aún fresca y húmeda.

Grutas Vaticanas—Ubicadas inmediatamente debajo de la basílica del Renacimiento y sobre la basílica del Constantino del siglo 4, las grutas contienen capillas dedicadas a varios santos y tumbas de reyes, reinas y Papas que datan desde el siglo 10, incluyendo la tumba de San Pedro.

Guardia Suiza—La Guardia Papal Suiza fue fundada en 1506 por el Papa Julio II. Actualmente compuesta por aproximadamente 110 integrantes, ayuda a proteger al papa, hace guardia a al entrada de la Ciudad del Vaticano y el Palacio Apostólico, y realiza trabajos de guardias de honor en las ceremonias del Vaticano. Esta guardia es notoria por su atuendo colorido: uniformes de rayas amarillas y azules y yelmo con plumas rojas, púrpuras o blanca.

Hostia—Término utilizado para el pan Eucarístico. Para los católicos, la hostia sobre la patena y el vino en el cáliz, se convierten en el cuerpo y la sangre de Jesús a través de las palabras de consagración del sacerdote.

Ícono—Imagen sagrada. Los íconos o símbolos, como los santos que a menudo representan, son objetos adecuados para la veneración. La iconografía es el estudio de los íconos.

Jubileo—Término bíblico, del hebreo jobhel, o cuerno de carnero. El jubileo es la celebración de un aniversario, un período de regocijo. Significa ocasiones religiosas importantes y periodos de concesiones especiales: tiempos para el perdón de los pecados y de castigos relacionados con el pecado, para la reconciliación del hombre con Dios y del hombre con el hombre.

Laicado—Los fieles bautizados, entendiéndose como el pueblo de Dios. El término por lo general distingue a la gran masa de creyentes habituales, de los clérigos ordenados (obispos, sacerdotes y diáconos)

Lavatorio—La primera parte de la porción del Salmo 25, recitado por el celebrante durante la misa mientras se lava las manos después de la oferta, y de la cual se ha tomado el nombre de la ceremonia completa.

Liturgia—Rituales y ceremonias formuladas por la Iglesia para la adoración pública.

Logia—Estructura abierta en forma de arco con columnas, que ocupa el primer piso (pórtico o porche), o en el piso superior (galería) de un edificio.

Madera Dorada—Madera revestida con o como si estuviera cubierta por una delgada capa de oro.

Mártir—Originalmente una palabra que significa testigo de la fe, pasó a significar alguien cuyo testimonio es ofrecido al punto de costarle la vida. El martirio se refiere al acto de alguien perdiendo su vida por la fe.

Micromosaico—Mosaicos que usan piezas de vidrio o material esmaltado particularmente pequeño, para crear imágenes pequeñas.

Misa—La liturgia central de la Iglesia Católica que consiste en la celebración y oración del mundo seguido por la solmene oferta de la acción de gracias (eucarística) en la cual el pan y el vino se convierten en el cuerpo y la sangre de cristo que será recibida por los creyentes. El nombre se deriva de las palabras finales del celebrante in Latín, ite, missa, est ("Podéis ir en paz").

Misal—Libro que contiene todos los textos de la Misa para todo el año.

Mosaico Policromático—Mosaico hecho con, o decorado con muchos colores.

Nave—En arquitectura, es el espacio central, abierto de una iglesia, al oeste del coro o presbiterio, y antiguamente separado por un muro pequeño o rejilla. Es, en términos generales, la parte de la iglesia donde se congrega el laicado.

Necrópolis—Un cementerio. La antigua Necrópolis Vaticana enterrada debajo de la Basílica de San Pedro se refiere también a las Scavi (Excavaciones).

Obispo—(Gr. Episkopos) Un sacerdote que disfruta de la "totalidad del sacramento de la orden sagrada" por su congregación al episcopado. La función del obispo es enseñar, guiar y santificar. Los obispos diocesanos son los supervisores de su territorio en asuntos litúrgicos, teológicos, canónicos y administrativos. Aunque los obispos ordenados son miembros del Colegio de Obispos, la cabeza es el obispo de Roma, el Papa.

Oratorio—Un lugar para rezar, o una estructura diferente a la iglesia parroquial, seleccionada por las autoridades eclesiásticas para la oración y la celebración de la misa.

Ostia Magna—Un contenedor redondo de metal que conserva la hostias sin consagrar que se usan en la misa.

Palacio Apostólico—La residencia oficial del Papa.

Papa—El obispo de Roma o Pontífice Romano. Cuando, a la muerte del Papa, el Colegio de Cardenales inicia el cónclave para elegir a su sucesor, no elige al Papa sino al Obispo de Roma quien, en virtud de este oficio es Papa. El canon 331 del Código de la Ley Canónica establece: "El obispo de la Iglesia de Roma, en quien reside el oficio ofrecido de manera especial por Nuestro Señor a Pedro, primero de los apóstoles, y el cual habrá de trasmitirse a sus sucesores, es la cabeza del Colegio de Obispos, el vicario de Cristo y Pastor de la Iglesia Universal en la tierra; por lo tanto, en virtud de su cargo disfruta de poder supremo, absoluto, inmediato y ordinario universal en la iglesia, y el cual puede ejercer libremente".

Patena—Plato pequeño que se usa durante la misa para poner las hostias consagradas.

Peregrino—Un peregrino es aquel que emprende una peregrinación, o viaje a un lugar sagrado, como acto de devoción

167

religiosa. Puede hacerse para venerar un lugar sagrado o reliquia, u otro objeto de devoción; como penitencia, acción de gracias por un favor recibido, para pedir por un favor o cualquier combinación de estas opciones. La peregrinación es una representación simbólica de nuestra existencia terrenal, es decir nuestro viaje hacia el reino de los cielos.

Primer Concilio Vaticano—El concilio ecuménico que se reunió entre diciembre de 1869 y octubre de 1870 en la Basílica de San Pedro. Fue convocado por el papa San Pío IX y aprobó dos constituciones dogmáticas: De Filius sobre la relación entre la Fe y la razón, y Pastor Aeternus, sobre la primacía jurídica del papado y la infalibilidad del Papa.

Puerta sagrada—Una puerta tapiada, es realmente una puerta doble, que se encuentra en cada una de las cuatro Basílicas romanas mayores que visitan los peregrinos durante el año santo. La porción de la puerta tapiada o fijada con cemento, está ubicada dentro de la iglesia y es la parte que debe desmantelarse para poder abrir la puerta exterior, generalmente en la noche de Navidad o para el año santo (o jubilar).

Puertas de Filarete—Creadas en el transcurso de 12 años, puertas centrales de bronce para la vieja Basílica de San Pedro en Roma, molde de Antonio di Pietro Averlino (aprox. 1400 – aprox. 1469), apodado Filarete (del griego "amante de la virtud"), un arquitecto y escultor florentino. Las puertas de Filarete fueron conservadas cuando la vieja Basílica de San Pedro fue demolida y luego reinstaladas en la nueva Basílica de San Pedro.

Querella de las Investiduras—Este debate, ocurrido a finales del siglo once y principios del siglo doce, cuestionó la separación de la iglesia y el estado. Al inicio de la edad media los señores civiles a menudo elegían candidatos para el episcopado. En 1075 el Papa Gregorio VII prohibió imponer la investidura al emperador Henry IV, a quien excomulgó y quien, a su vez, pidió al Papa salir de Roma y nombró su propio candidato al trono papal. Durante la Dieta de Worms, en 1122, el emperador Henry V desistió de su derecho de designar obispos pero conservó el de recibir homenaje de los obispos a cambio de conservar la tierras.

Quirógrafo—o decreto papal Un mensaje formal escrito por la propia mano el Papa.

Relicario—Recipiente que contiene y exhibe los huesos y otros restos de los santos. Usualmente está hecho de oro o plata e incrustado con gemas para indicar que los santos son más valiosos que cualquier objeto material.

Reliquias—(culto a las) La veneración de los restos mortales de los santos, o sus vestiduras u objetos que alguna vez les pertenecieron. El alcance y justificación de tal veneración busca proclamar las maravillas de Cristo y dar a los fieles un ejemplo a seguir.

Renacimiento—Movimiento de transición entre el medioevo y el modernismo europeos que se inició en el siglo 14 en Italia, se extendió hasta el sigo 17 y estuvo marcado por el humanismo y un resurgimiento de la influencia clásica expresado en el florecimiento de las artes y la literatura, y por el inicio de la ciencia moderna.

Santa sede—Una sede es lugar desde el cual el obispo gobierna la diócesis, o territorio geográfico específico en el que ejerce el cuidado pastoral de los católicos. La Santa Sede, llamada algunas veces la Sede Apostólica, es la sede de Pedro, el obispo de Roma que es el Papa. La Santa Sede se refiere a la primacía del Papa, denota la autoridad espiritual y moral ejercida por el pontífice a través del gobierno central de la iglesia, la curia.

Sarcófago—Un ataúd de piedra. Literalmente "comedor de carne."

Scavi—(excavación arqueológica) La antigua Necrópolis Vaticana enterrada debajo de la Basílica de San Pedro.

Sede Apostólica—Este término se refiere no sólo al pontificado romano, sino además a la secretaría de estado, el consejo para asuntos públicos de la iglesia y otras instituciones de la curia romana.

Sepulcro—Lugar de entierro o receptáculo de reliquias religiosas, especialmente en un altar.

Sucesión apostólica—A través de la colocación de las manos, durante el rito de la ordenación episcopal, el Colegio de Obispos continúa desde San Pedro hasta el presente.

Tabernáculo—Estuche o caja de madera situada sobre el altar de una iglesia para guardar las hostias consagradas y el vino de la eucaristía. A través de los siglos estos receptáculos han asumido varias formas, incluyendo torres, cofres, palomas o cofres insertados en paredes, usualmente con puerta o tapa para cerrar. En el siglo quince se introdujeron los tabernáculos construidos en forma de pequeños templos, y en el siglo siguiente fueron ubicados en el altar.

Tondi—Pintura circular o medallones esculpidos.

Transepto—o nave transversal, es la parte de la iglesia donde se forman los ángulos rectos, producto de la intersección de las porciones que dan al plano la forma de cruz.

Tridentino—Relativo al concilio realizado por la iglesia en Trento entre 1545 y 1563, o su decretos.

Urna—Un recipiente que es típicamente una vasija ornamental que se pone sobre un pedestal y sirve para varios propósitos (como preservar las cenizas del muerto después de la cremación).

Veneración—Respeto o sobrecogimiento inspirado por la dignidad, sabiduría y dedicación o talento de una persona. En las enseñanzas Católica y Ortodoxa es un término que resalta las honras ofrecidas a los santos diferentes a las honras ofrecidas solamente a Dios, las cuales son llamadas adoración.

Vinajera—Pequeño jarro o cántaro que contiene el agua o el vino durante la misa.

Votivo—Consiste en la expresión de un voto, deseo o anhelo. La expresión relacionada, ex voto, significa "desde el voto" y se refiere a una oferta dejada sobre el santuario en súplica para obtener ayuda o en acción de gracias por los favores ya recibidos.